LES VÊPRES SICILIENNES,

TRAGÉDIE EN CINQ ACTES,

PAR

M. CASIMIR DELAVIGNE;

Représentée pour la première fois, à Paris, sur le théâtre royal de l'Odéon, par les comédiens du Roi, le 23 octobre 1819;

et reprise sur le Théâtre Français, le 22 juin 1832.

DISTRIBUTION DE LA PIÈCE :

ROGER DE MONTFORT, gouverneur de la Sicile... M. BOUC.
JEAN DE PROCIDA, noble sicilien............... M. JOANN.
LORÉDAN, fils de Procida..................... M. MARIUS.
GASTON DE BEAUMONT, chevalier français...... M. SAINT-AULAIRE.
SALVIATI, confident de Procida................ M. DEHILATRE.
PHILIPPE D'AQUILA........................... M. MONTLAURE.
ODDO,
PALMERIO,   } conjurés, personnages muets.
BORELLA,
LORICELLI,
AMÉLIE DE SOUABE............................ Mlle NOBLET.
ELFRIDE, confidente d'Amélie................. Mme THÉNARD.
CHEVALIERS.
CONJURÉS.

La scène se passe à Palerme, dans le palais de Procida.

ACTE PREMIER.

SCÈNE I.

(La rampe est à demi levée.)

PROCIDA, SALVIATI.

SALVIATI.
Que vois-je ? Procida de retour sur nos bords !
De tous les conjurés quels seront les transports !
Le règne des tyrans touche donc à son terme !

PROCIDA.
Que je t'embrasse, ami ! Salut, murs de Palerme,
J'en jure par ce Dieu qui nous doit protéger,
Vous serez affranchis du joug de l'étranger !

SALVIATI.
Venez, quittons ces lieux.

PROCIDA.
Quelle terreur t'agite ?
Je suis dans mon palais.

SALVIATI.
Notre ennemi l'habite...

PROCIDA.
Eh quoi ! Charles d'Anjou ! le vainqueur de Mainfroi,
Le bourreau, l'assassin de notre dernier roi ?

Charles dans mon palais, lui, cet indigne frère
De ce pieux Louis que la France révère ?...

SALVIATI.
Non, et le jour neuf fois a fait place à la nuit
Depuis qu'aux bords voisins sa flotte l'a conduit.
On dit qu'il veut revoir, après dix-huit années,
Les murs de Bénévent, les plaines fortunées
Où le sort le fit roi quand son dernier succès
Soumit Naple et Palerme au pouvoir des Français.
On dit plus, et trompant l'ennui de l'esclavage,
Mille bruits différents expliquent ce voyage :
On dit que ses vaisseaux, du port napolitain,
Menacent les remparts fondés par Constantin,
Et que, pour enflammer ses phalanges guerrières,
Charles, au Vatican, fait bénir leurs bannières.

PROCIDA.
Eh ! qui donc dois-je craindre ?

SALVIATI.
Un jeune favori,
Près du trône des lis, dans les grandeurs nourri.

PROCIDA.
Quel est son nom ?

SALVIATI.
Montfort, le ministre docile
Des ordres souverains transmis à la Sicile.
En partant pour la cour du pontife romain,
Le monarque a laissé le sceptre dans sa main...
   (Le jour augmente par degrés.)
Fuyons, l'ombre s'efface, et l'aube va paraître.
PROCIDA.
Il n'est pas temps encor ; qui peut me reconnaître ?
Seul, avant mon départ, dans ces lieux enfermé,
Invisible aux tyrans de ce peuple opprimé,
J'ai su, sans irriter leurs fureurs inquiètes,
Ourdir les premiers fils de nos trames secrètes.
En vain, pour s'étayer du nom de mes aïeux,
Par l'éclat des emplois, Charles flattait mes yeux ;
J'ai fui de nos vainqueurs le superbe visage ;
La cour me croit errant de rivage en rivage :
Mon fils, par un billet instruit de mon retour,
Ici, pour me revoir, doit devancer le jour :
Je veux l'attendre.
SALVIATI.
  Au moins, daignez me satisfaire.
Le ciel a-t-il béni votre exil volontaire ?
PROCIDA.
Il m'inspirait. Le ciel a sans doute allumé
Ce feu pur et sacré dont je suis consumé.
Oui, c'est avec transport que j'aime la patrie ;
Mais d'un amour jaloux j'ai toute la furie :
Je l'aime, et la veux libre ; et, pour sa liberté,
En un jour, biens, amis, parents, j'ai tout quitté.
Long-temps j'ai parcouru nos déplorables villes ;
Honteux et frémissant, j'ai vu nos champs fertiles,
Aux préteurs étrangers prodiguant leurs trésors,
Se couronner pour eux du fruit de nos efforts.
Quels tourments j'ai soufferts pendant ces longs voya-
Combien j'ai dévoré de mépris et d'outrages !   [ges !
Pour qu'un chemin plus libre à mes pas fût ouvert,
J'ai porté le cilice ; et, de cendre couvert,
Tantôt durant les nuits, debout sous un portique,
Je réveillais l'ardeur d'un peuple fanatique ;
Tantôt, d'un insensé, dans mes accès fougueux,
J'imitais l'œil hagard et le sourire affreux ;
Et des ressentiments qui remplissent mon âme,
Dans la foule en secret je répandais la flamme.
Par ces déguisements j'échappais aux soupçons ;
Ma haine sans péril distilla ses poisons.
Si quelque citoyen se plaignait d'une injure,
D'un soin officieux j'irritais sa blessure ;
Tu connais le pouvoir de nos transports jaloux ;
J'allumais leur fureur dans le sein des époux ;
Par-tout, dans tous les cœurs j'ai fait passer ma rage,
Mais c'est peu qu'indignés d'un honteux esclavage,
Des mécontents obscurs soient pour nous déclarés ;
Et nous comptons des rois parmi nos conjurés.
SALVIATI.
Des rois !
PROCIDA.
  Depuis deux ans j'ai quitté la Sicile :
Avant que la tempête éclatât dans cette île,
Du pontife de Rome il nous fallait l'appui ;
Il craignait nos tyrans, je me présente à lui.

Il apprend mon dessein, l'adopte, l'autorise,
Près du roi d'Aragon m'offre son entremise :
« C'est le sang de Mainfroi qui doit régner sur vous ;
« De sa fille, dit-il, je couronne l'époux. »
Au monarque espagnol je l'annonçai moi-même :
Le dangereux présent d'un nouveau diadême
Est un brillant appât pour un front couronné.
Don Pédre d'Aragon, par l'espoir entraîné,
S'empresse d'obéir à cette voix divine,
Veut rassembler sa flotte et descendre à Messine.
Mais bientôt d'une guerre, utile à nos projets,
Ses trésors épuisés font languir les apprêts.
Je le quitte, et les mers, que je traverse encore,
Me portent de l'Espagne aux rives du Bosphore.
J'apprends que de nos rois le successeur altier
Des Césars d'Orient menace l'héritier.
Ce prince intimidé se trouble au bruit des armes.
Je pars, mes récits redoublent ses alarmes.
J'ai vu tous les vaisseaux, j'ai compté les guerriers :
J'élève jusqu'aux cieux ces nombreux chevaliers,
Nourris dans les combats, ardents, pleins de vaillance,
Que je hais en Sicile et que j'admire en France.
Il tremble, mon projet se montre à découvert ;
De l'empire aussitôt le trésor m'est ouvert,
Et don Pédre reçoit, par un secret message,
Un secours important dont je presse l'usage.
L'empereur, généreux pour sauver ses états,
Assure aux conjurés l'appui de ses soldats :
Déjà de l'Aragon la flotte est préparée,
Le pontife est armé de la foudre sacrée :
Voilà, Salviati, le fruit de mes efforts.
Contre nos oppresseurs tout s'unit au-dehors :
Ici, de nos amis, parle, que dois-je attendre ?
SALVIATI.
Vous les verrez, seigneur, prêts à tout entreprendre.
Eberard de Fondi, Philippe d'Aquila,
Oddo, Loricelli, Mavio, Borella,
Voulaient fixer sans vous la sanglante journée
Promise à leur fureur trop long-temps enchaînée.
Des ordres de Montfort complaisants dangereux,
Admis dans ses conseils, plus souvent à ses jeux,
Nous savons, aux plaisirs appliquant son étude,
Tromper de ses esprits l'ardente inquiétude.
Nos coups seront plus sûrs. Dans ces jours solennels,
Où les chrétiens en foule approchent des autels,
Le saint asile ouvert aux remords du coupable
Couvre nos entretiens d'une nuit favorable.
Nous levons à demi ce voile ténébreux ;
Nous laissons pressentir des changements heureux ;
L'interprète du ciel au fond des consciences
Agite sourdement le levain des vengeances.
Dans l'ombre à nous servir le peuple est disposé...
Nos conjurés d'un mot auraient tout embrasé,
Craignant que sa fureur par le temps refroidie
N'offrît plus d'aliment à ce vaste incendie.
Vous arrivez enfin...
PROCIDA.
  Mon fils est-il instruit ?
SALVIATI.
Par quelques faits brillants ce Montfort l'a séduit.

Tous deux ils sont liés d'une amitié sincère,
Et pour lui nos desseins sont encore un mystère.
                PROCIDA.
Mon fils serait l'ami !... Quel est donc ce Français ?
                SALVIATI.
Superbe, impétueux, toujours sûr du succès,
Il éblouit la cour par sa magnificence,
Pousse la loyauté jusques à l'imprudence ;
Il pourrait immoler, sans frein dans ses desirs,
Sa vie à son devoir, son devoir aux plaisirs.
Son premier mouvement loin des bornes l'entraîne ;
Aisément il s'irrite, et pardonne sans peine,
Ne saurait se garder d'un poignard assassin,
Et croirait l'arrêter en présentant son sein.
                PROCIDA.
Et voilà ces vertus que Lorédan estime !
Mon fils peut caresser la main qui nous opprime !
Mais il vient, laisse-nous ; va dire à nos amis
Que l'espoir du succès leur est enfin permis.

SCÈNE II.
LORÉDAN, PROCIDA.

                LORÉDAN.
Vous m'êtes donc rendu ! Je vous revois, mon père,
O bonheur !... Mais pourquoi ce front triste et sévère ?
                PROCIDA.
Est-il vrai, Lorédan, qu'un maître impérieux
Commande dans ces murs tout pleins de vos aïeux ?
                LORÉDAN.
De ce bruit offensant méprisez l'imposture ;
Connaissez mieux Montfort, vous lui faites injure.
Sans doute en ce séjour j'ai pu le recevoir,
Sa gloire et ses bienfaits m'imposaient ce devoir.
Épris de l'art divin qui fleurit en Provence,
Poète, il a chanté les succès de la France ;
Guerrier, près de Louis son courage naissant
Fit triompher les lis de l'orgueil du croissant...
Il a sur votre sort partagé mes alarmes,
Il m'a fait chevalier, je suis son frère d'armes.
                PROCIDA.
Vous !
                LORÉDAN.
    Nous devons ensemble affronter les hasards,
Suivre d'un pas égal les mêmes étendards :
Bientôt Paléologue, enfermé dans Byzance,
Verra sous nos efforts expirer sa puissance.
Aux bords de l'Hellespont, où nous allons courir,
De quels nobles lauriers nos fronts vont se couvrir !
Que d'exploits !...
                PROCIDA.
            De l'empire embrassant la querelle,
Le destin des combats peut vous être infidèle ;
Alors de ces hauts faits qu'attendez-vous ?...
                LORÉDAN.
                                    L'honneur,
Si fidèle aux Français, même dans le malheur !
                PROCIDA.
N'en attendez, mon fils, que regrets et que honte.
Quels que soient les dangers que votre ardeur affronte,

Les Français dans les camps vous seront préférés :
Songez-vous aux chagrins que vous vous préparez ?
Croyez-vous que le roi, distinguant votre audace,
Daigne illustrer un sang qu'il accepte par grace ?
Quand l'esclave imprudent pour ses maîtres combat,
Tout son sang prodigué se répand sans éclat.
Mais je veux qu'on vous laisse une part dans la gloire :
Que produit pour l'état cette noble victoire ?
Que sont dans leurs succès les peuples conquérants ?
Des sujets moins heureux sous des rois plus puissants.
Prévenu pour Montfort, vous me croyez à peine,
Votre cœur amolli se refuse à la haine ;
Vous flattez nos tyrans ; aux premiers feux du jour,
Un jeune ambitieux vous voit grossir sa cour.
Au sein des voluptés qui charment votre vie,
Jamais vous n'avez dit : Palerme est asservie ;
Jamais ses cris plaintifs n'ont passé jusqu'à vous ;
Au récit de ses maux vous restez sans courroux.
Est-ce là cette humeur inflexible et sauvage,
Qui fuyait de la cour le brillant esclavage,
Cet orgueil indocile au joug le plus léger,
Cet honneur ombrageux, si prompt à se venger ?
Ou la faveur des grands a changé vos maximes ;
Ou de nos ennemis vous oubliez les crimes.
Oubliez-vous aussi ce prince infortuné,
Conradin, sans défense à l'échafaud traîné ?
Ne vous souvient-il plus du serment qui vous lie
A sa sœur orpheline, à la jeune Amélie,
Au pur sang de nos rois ?
                LORÉDAN.
                    J'en atteste les cieux !
Le jour de ses clartés aura privé mes yeux,
La tombe s'ouvrira pour ma cendre glacée,
Avant qu'un tel serment sorte de ma pensée !
Jamais de plus de feux un amant dévoré
N'attendit un hymen plus saintement juré.
Cependant la princesse, aux pleurs abandonnée,
S'obstine à reculer cette heureuse journée.
Un pressentiment vague irrite mes ennuis.
Ces jeunes chevaliers, par trop d'orgueil séduits,
Qui, d'une égale ardeur, poursuivant ses suffrages,
Apportent à ses pieds tant d'importuns hommages...
Leur présence me pèse... Apprenez qu'un d'entre eux,
Le plus vaillant de tous, et le plus généreux...
Ah ! cet aveu fatal, que je ne puis vous taire,
Jette encor dans mes sens un trouble involontaire !...
                PROCIDA.
Enfin ?
                LORÉDAN.
        Dans l'abandon de sa vive amitié,
Hier à son rival Montfort s'est confié.
S'il n'avait respecté les pleurs de la princesse,
Il aurait dès long-temps déclaré sa tendresse :
« Je sais qu'elle a pour vous le respect d'une sœur ;
« Ouvrez-moi, m'a-t-il dit, un accès dans son cœur.
« Puisque la guerre enfin va m'entraîner loin d'elle,
« Il est temps qu'à ses yeux ma flamme se décèle.
« Je veux, je dois parler. » Interdit, confondu,
J'ai voulu m'en défendre, et n'ai rien répondu :
Et peut-être Montfort a, dans son espérance ;

En faveur de ses vœux expliqué mon silence.
Je crains....

PROCIDA.
Où vous égare un amour soupçonneux ?
Pensez-vous qu'Amélie, au mépris de vos nœuds,
De son nom, de son rang ?...

LORÉDAN.
Ah ! ce doute l'offense :
Ma tendresse l'accuse et vole à sa défense ;
Mais sa douleur me blesse, et, quel qu'en soit l'objet,
Je suis jaloux des pleurs qu'il lui coûte en secret.
Je veux tout éclaircir ; je veux la voir, l'entendre :
Elle-même en ces lieux près de nous doit se rendre.

PROCIDA.
Elle saurait ?...

LORÉDAN.
Votre ordre a-t-il dû m'arrêter ?
Parmi vos ennemis fallait-il la compter ?
Quand il erra trois ans privé de sa famille,
Un père à son retour craint d'embrasser sa fille !...

PROCIDA.
Qui ! moi ? je la craindrais ! Non, je te reverrai,
Des rois que j'ai perdus reste cher et sacré !
Aujourd'hui pour leur cause il se peut que je meure ;
Mes bras te presseront avant ma dernière heure.
Respectez ses regrets, ils sont justes, mon fils !

LORÉDAN.
Qui peut les mériter ?

PROCIDA.
Son frère et son pays.

Son frère est-il vengé ?

LORÉDAN.
Dieu ! que voulez-vous dire ?

PROCIDA.
Las de courber mon front sous un injuste empire,
Si pour le renverser j'osais lever le bras,
Que feriez-vous alors ?... Vous ne répondez pas ?...

LORÉDAN.
Expliquez-vous, seigneur.

PROCIDA.
Je me ferai comprendre.

LORÉDAN.
Parlez...

PROCIDA.
Quand vous serez plus digne de m'entendre.

LORÉDAN.
Achevez, hâtez-vous, profitez des moments...
J'aperçois la princesse ; elle approche à pas lents,
Rêveuse et tout entière à sa mélancolie.

SCÈNE III.
LORÉDAN, PROCIDA, AMÉLIE.

PROCIDA.
Mes bras vous sont ouverts ; venez, chère Amélie...

AMÉLIE.
Ah ! seigneur ! ah ! mon père !

PROCIDA.
Où suis-je ? ces accents
D'un transport douloureux font tressaillir mes sens...
Est-ce toi, Conradin, ou ta vivante image ?
Oui, voilà son regard ! c'est son touchant langage ;
Cette grâce éclatait sur ses traits imposants,
Quand je l'ai vu mourir à la fleur de ses ans.

AMÉLIE.
Hélas !

LORÉDAN.
Vous irritez les tourments qu'elle endure.

PROCIDA.
C'est toi qui m'as forcé de rouvrir sa blessure.
Je le dois pour guérir ton esprit aveuglé
Des soupçons offensants dont l'amour l'a troublé.

AMÉLIE.
Il me soupçonne, ô Dieu !

PROCIDA.
Par un récit fidèle
Puissé-je raffermir ta haine qui chancelle !
Puisse une juste horreur te saisir comme moi,
Au nom du meurtrier que tu nommes ton roi !
Écoutez-moi tous deux ; à son heure dernière,
Conradin m'adressa cette courte prière :
« Parmi des inhumains j'abandonne ma sœur ;
« Vivez ; qu'à sa jeunesse il reste un défenseur ;
« Qu'elle soit votre fille, et qu'un jour l'hyménée
« Au sort de Lorédan joigne sa destinée. »
Je promis d'obéir ; mais j'enviai la mort
Du jeune Frédéric qui partagea son sort.
Il s'exilait, mon fils, d'un illustre héritage,
Pour combattre à seize ans sous un roi de son âge ;
L'échafaud l'attendait, il y monte, et soudain
Je vois rouler sa tête aux pieds de Conradin.
Votre frère... Ah ! combien sa douleur fut touchante !
Pressant de son ami la dépouille sanglante,
Il lui parlait encor, l'arrosait de ses pleurs :
Tu n'es plus, criait-il, c'est pour moi que tu meurs !
Nos vainqueurs attendris l'admiraient en silence ;
Mais Charles d'un coup d'œil enchaîna leur clémence.
Cet enfant qui pleurait redevint un héros,
Et son dernier regard fit pâlir les bourreaux.

AMÉLIE.
Ta sœur n'était pas là pour recueillir ta cendre !

LORÉDAN.
Pourquoi trop jeune encor n'ai-je pu te défendre ?

PROCIDA.
Dès que l'âge éclaira votre faible raison,
Je reçus vos serments sur sa tombe, en son nom ;
Et je crus voir son ombre, un moment consolée,
Pour unir mes enfants sortir du mausolée.
L'avez-vous oublié ?

AMÉLIE.
Comment puis-je jamais
Oublier mes serments, seigneur, et vos bienfaits ?

PROCIDA.
Oui : de soins paternels j'entourai votre enfance.
Ma sœur les partageait ; sans doute en mon absence
Son amour attentif ne se ralentit pas,
Malgré le poids des ans qui retiennent ses pas.
Si vous fûtes toujours digne de ma tendresse,
Renouvelez ici cette sainte promesse.

AMÉLIE.
Quel langage, seigneur ! doutez-vous de ma foi ?

ACTE I, SCÈNE III.

LORÉDAN.
Pardonnez, Amélie, à mon injuste effroi,
Aux transports insensés dont mon ame est saisie :
Qui peut avec excès aimer sans jalousie?
PROCIDA.
Rendez, rendez la paix à ce cœur égaré ;
Si j'ordonne un hymen trop long-temps différé,
Jurez de l'accomplir sans regret, sans murmure.
Eh bien?
LORÉDAN.
Hésitez-vous?
AMÉLIE, à Procida.
Seigneur, je vous le jure.
LORÉDAN.
O vous que j'offensais! je jure à vos genoux
De vivre, et, s'il le faut, de m'immoler pour vous.
PROCIDA.
Ma fille, mes enfants, que ce jour m'est prospère !
Réunis sur mon sein, embrassez votre père.
Et toi, du haut des cieux descendant parmi nous,
Héros infortuné, bénis ces deux époux.
Consacre leur hymen et fais qu'il s'accomplisse ;
Viens, qu'un pieux courroux à ta voix les remplisse :
Viens réveiller en eux l'horreur de l'étranger,
L'amour de leur pays, la soif de le venger.
Triste et dernier débris d'une race abattue,
Amélie, écartez la douleur qui vous tue :
Souvent dans sa grandeur quand le coupable en paix
Semble de crime en crime affermi pour jamais,
Le bras de l'Éternel à le punir s'apprête,
Et se lève sur lui pour foudroyer sa tête...
Adieu...
AMÉLIE.
Qui vous contraint, seigneur, à nous quitter?
PROCIDA.
Un soin impérieux dont je veux m'acquitter.
LORÉDAN.
Quoi! déja, quoi, mon père, après trois ans d'absence !
PROCIDA.
De nos maîtres, mon fils, je dois fuir la présence.
Demeurez tous les deux, cachez-leur mon retour.
(A Lorédan.)
Adieu, nous nous verrons avant la fin du jour.

∞∞∞∞∞∞∞∞∞∞∞∞∞∞∞∞∞∞∞∞∞∞∞∞∞∞∞∞

SCÈNE IV.
LORÉDAN, AMÉLIE.

LORÉDAN.
Oubliez mon offense, et partagez ma joie...
Quel nuage soudain sur vos traits se déploie !
AMÉLIE.
Dans les austérités d'un asile pieux,
Morte à de faux plaisirs, cachée à tous les yeux,
Que ne puis-je, le front couché dans la poussière,
Finir mes tristes jours consumés en prière !
LORÉDAN.
Dieu ! quel vœu formez-vous? et qui peut mériter
Des pleurs que de mon sang je voudrais racheter ?
AMÉLIE.
Hélas ! vous savez trop si j'ai droit d'en répandre.

LORÉDAN.
J'explique leur langage et crains de vous comprendre.
Oui, malgré nos liens, vos devoirs, vos serments,
Je doute encor... Plaignez l'horreur de mes tourments.
Oui, quand de nos guerriers l'essaim vous environne,
A de noires terreurs mon esprit s'abandonne ;
Sans cesse je vous suis, d'un regard curieux,
Au sein de nos tournois, dans ces murs, en tous lieux.
Aux degrés de l'autel arrosés par vos larmes,
Je porte près de vous mes brûlantes alarmes.
Je m'indigne en voyant ce tribunal de Dieu,
Où le pardon du crime est le prix d'un aveu ;
Qu'un mortel, quel que soit son sacré caractère,
Reste de vos chagrins le seul dépositaire ;
Et qu'à votre frayeur il ait droit d'arracher
Un secret qu'à l'amour votre cœur peut cacher.
Montfort même est l'objet de ce triste délire :
C'est à vous qu'il consacre et son glaive et sa lyre ;
S'il vous chante, ses vers ont un charme plus doux
Qu'il vous combatte à vos yeux, et tout cède à ses coups.
Je n'en puis plus douter, je sais qu'il vous adore ;
Je le sais... Est-il vrai ? l'ignorez-vous encore?
En proie à la fureur de mes soupçons jaloux,
Je tremblais que Montfort... Madame, qu'avez-vous?
AMÉLIE.
Moi, seigneur!
LORÉDAN.
A ce nom vous changez de visage!
AMÉLIE.
Ah! c'est trop m'abaisser à souffrir un outrage,
J'ai honte du reproche où vous vous emportez,
Je dois me l'épargner, et je veux...
LORÉDAN.
Arrêtez...
Qu'aujourd'hui, qu'à l'instant, si mon malheur vous
L'arrêt de mon rival sorte de votre bouche ! [touche,
Il le faut : c'est de vous qu'il doit le recevoir ;
Vous seule vous pouvez lui ravir tout espoir.
Blessez, pour le guérir, sa fierté trop sensible :
Un amour dédaigné cesse d'être invincible.
Madame, dites-lui qu'il prétendrait en vain
S'armer contre mes droits du pouvoir souverain,
M'arracher votre main à la mienne enchaînée ;
Nommez-lui votre époux, hâtez notre hyménée.
AMÉLIE.
Qu'ordonnez-vous, grand Dieu! moi, lui dire... Ah!
Qu'attendez-vous de moi ? [seigneur,
LORÉDAN.
Mon repos, mon bonheur.
Vous détournez les yeux, vous gardez le silence...
Et vous voyez Montfort avec indifférence ?
Je n'examine plus pourquoi vous hésitez,
Je n'exige plus rien ; je vous laisse.. Écoutez :
Vous savez quel empire il a pris sur mon ame ;
A l'ardente amitié qui tous deux nous enflamme
Je puis tout immoler sans regret, sans effort,
Tout, hors ce bien suprême où j'attache mon sort.
Je le chéris lui seul après vous et mon père ;
C'est l'ami de mon choix, c'est mon hôte et mon frère ;
Mais, si dans un ami je dois craindre un rival,
Tremblez qu'à l'un de nous ce jour ne soit fatal.

SCÈNE V.
AMÉLIE, seule.

De son injuste empire il m'accable d'avance ;
Il commande en tyran, il m'accuse, il m'offense.
O que de notre hymen le joug sera pesant !
Dans les soins de Montfort quel respect séduisant !
De ta mort, Conradin, il ne fut pas complice...
Qu'ai-je dit ? Ne crains pas que ton sang s'avilisse ;
La colère des cieux consumera ta sœur,
Plutôt qu'un tel secret s'échappe de son cœur.
Au pied de tes autels, ô mon souverain maître !
Rends la force à ce cœur honteux de se connaître.
J'y cours ; que la vertu m'élève à cet effort
De remplir mes serments, de détromper Montfort !
Le faible doit trouver dans ta bonté suprême
L'appui que sa raison cherche en vain dans soi-même.

ACTE SECOND.

SCÈNE I.
GASTON, MONTFORT, SALVIATI, FONDI, D'AQUILA, CHEVALIERS FRANÇAIS, CONJURÉS.

MONTFORT.

Ne blâmez pas, Gaston, de si nobles loisirs ;
Jamais un ciel plus pur n'éclaira nos plaisirs.
Que j'admirais ces bords ! à mon âme attendrie
Combien ils rappelaient une terre chérie !
L'éclat et la beauté de ce climat heureux,
Ces forêts d'orangers, ces monuments pompeux,
Et de ce vaste port la vivante opulence,
Tout retrace à mes yeux les champs de la Provence.
(Aux chevaliers de sa suite.)
Sully, Soissons, Laval, mes amis, mes rivaux,
Demain je vous appelle à des combats nouveaux,
Byzance nous promet de plus sanglantes fêtes ;
Bientôt les jeux guerriers feront place aux conquêtes.
Vous, Fondi, d'Aquila, que des plaisirs si doux
Soient le lien heureux qui nous enchaîne tous !
Les splendeurs de la cour et sa bruyante ivresse
Signalent de vos soins l'ingénieuse adresse ;
Vous verrez votre roi demain avec le jour ;
Que la pompe des jeux célèbre son retour !

(Montfort fait un signe ; ils sortent tous, excepté Gaston.)

SCÈNE II.
GASTON, MONTFORT.

GASTON.

En vain à mes conseils vous voulez vous soustraire ;
Pour les périls, seigneur, ce mépris téméraire
Vous livre sans défense au fer d'un assassin.
Palerme peut cacher un sinistre dessein ;
Et vous sortez sans garde ; et jamais vos cohortes
Sur le seuil du palais n'en protégent les portes !
Ce peuple est dangereux ; redoutez ses fureurs.

MONTFORT.

Quoi, toujours des soupçons et de vaines terreurs !

GASTON.

Montfort, d'un vieux guerrier pardonnez la franchise,
L'intérêt de l'état peut-être l'autorise...
Pour marcher sans escorte, on doit se faire aimer.

MONTFORT.

Eh bien, suis-je un tyran ? m'oserait-on blâmer ?
Où tendent ces discours ?

GASTON.

Votre longue indulgence
A de nos chevaliers enhardi la licence.
Sous l'abri d'un grand nom, sûr de l'impunité,
A d'horribles excès leur orgueil s'est porté.
C'est trop fermer l'oreille aux plaintes des victimes.
On blâme la faveur dont vous couvrez leurs crimes.

MONTFORT.

Des crimes ! sous quel jour montrez-vous des erreurs !
Ne pardonnez-vous rien à de jeunes vainqueurs ?
Tant de gloire à mes yeux rend l'orgueil excusable,
Je vois trop de héros pour chercher un coupable !

GASTON.

Des exemples pieux, des leçons de Louis,
Les souvenirs pour vous sont-ils évanouis ?
Où parmi ses vertus votre âme ardente et fière
Ne sut-elle admirer que la valeur guerrière ?
Ah ! si vous l'avez vu de ses royales mains
Forcer devant Tunis les rangs des Africains ;
Combien plus redoutable à sa jeune noblesse,
De ses sujets contre elle il soutint la faiblesse !
Les plaintes des hameaux s'élevaient jusqu'à lui.
Pour écouter les plans du pauvre, sans appui,
D'un chêne encor fameux l'ombrage tutélaire
Semblait à sa justice un digne sanctuaire,
Et l'amour de son peuple, heureux de l'entourer,
Le plus sublime encens qu'un roi pût respirer.
Tels étaient ses plaisirs ; cependant la naissance
D'un droit presque divin consacrait sa puissance ;
Et nous que la fortune a seule couronnés,
Sur un trône conquis, d'écueils environnés,
Nous croyons la justice une vertu vulgaire ;
Il nous semble plus grand, sur-tout plus téméraire,
Quand un empire entier cherche en nous son recours,
De braver ses douleurs que d'en tarir le cours.

MONTFORT.

Gaston !

GASTON.

Tous ces rivaux dont l'imprudente ivresse,
En partageant vos goûts les flatte et les caresse,
Aux frivoles amours sans frein abandonnés,
Essayant sur le luth des chants efféminés...

MONTFORT.

Un tel délassement nuit-il à leur courage ?

ACTE II, SCÈNE II.

Je plains l'austérité d'une vertu sauvage,
Sans pitié pour les arts, ornements de la paix,
Et dont l'éclat tranquille ennoblit ses bienfaits.
Ne peut-on aux exploits qui donnent la victoire
Unir le soin plus doux d'en célébrer la gloire?
Cet espoir les excite et plaît à leur fierté,
Il enflamme la mienne; oui, la postérité
Dira que les enfants des bords de la Durance
Ont offert les premiers cette heureuse alliance,
Et saura respecter aux mains de ces guerriers
Un luth que leur vaillance a couvert de lauriers.

GASTON.

Pendant ces jeux trompeurs qu'un vain délire anime,
La Sicile murmure et sent trop qu'on l'opprime.
Des pontifes divins le pouvoir respecté
Plie en se débattant sous notre autorité.
Prompte à nous censurer, leur adroite éloquence
Ressaisit par degrés sa première influence.
D'un fanatisme ardent le peuple est possédé,
Par les grands soutenu, par leurs conseils guidé,
Il s'essaie à braver un sceptre qui lui pèse.
Il s'agite sans but, il s'irrite, il s'apaise;
Cet esprit inquiet, ces vagues mouvements
Sont les avant-coureurs de grands événements :
Du nom de Procida souvent il nous menace;
De ce fier citoyen je redoute l'audace.
Ne peut-il vous tromper par un retour prochain?
On dit qu'il a juré de venger Conradin;
On dit...

MONTFORT.

Dans tous les temps la rumeur populaire
Excita mes mépris bien plus que ma colère.
Irai-je, recueillant ces discours mensongers,
Quand tout semble tranquille inventer des dangers,
Suivre de mers en mers un sujet qui s'exile,
Pour exhaler sans crainte une haine inutile?
Lui, qu'il ébranle un joug par le temps affermi!
Vain projet! Lorédan n'est-il pas mon ami?
J'aime à me reposer sur sa reconnaissance.
Je le plains, si jamais, trompant ma confiance,
Il tente... A ce penser puis-je encor m'arrêter?
Un faux bruit répandu doit peu m'inquiéter;
Et si nous concevons de plus justes alarmes,
Nous sommes tous Français, et nous avons des armes!

GASTON.

Eh! que sert la valeur contre la trahison?
Comment se garantir des poignards, du poison,
Des complots meurtriers tramés dans le silence?
Plus docile aux avis de mon expérience...

MONTFORT, apercevant la princesse.

Il suffit, cher Gaston; de ces grands intérêts,
Par un devoir pressant nos esprits sont distraits.
Sommes-nous descendus à ce point de détresse,
Qu'il faille pour l'état craindre et veiller sans cesse?
Plus tard, libres de soins, demain, dans quelques jours,
Nous pourrons à loisir poursuivre ce discours.

SCÈNE III.

ELFRIDE, AMÉLIE, MONTFORT.

AMÉLIE.

Retournons sur nos pas,... A peine je respire,
Elfride... il n'est plus temps! ciel! que vais-je lui dire?

MONTFORT.

Combien je dois bénir le bonheur qui me suit!
Ah! madame, vers moi quel dessein vous conduit?
Mais pourquoi me flatter d'une fausse espérance?
Sans doute au hasard seul je dois votre présence?
Et c'est trop présumer de croire que vos yeux,
Qui m'évitent par-tout, me cherchent dans ces lieux.
Que vois-je? la pâleur couvre votre visage.
Vous pleurez, vous tremblez...

AMÉLIE.

Soutenez mon courage,
Dieu, soyez mon appui!

MONTFORT.

Vous tremblez près de moi!
Suis-je assez malheureux pour causer votre effroi?

AMÉLIE.

Je venais... Lorédan...

MONTFORT.

Il a parlé, madame?
Aurait-il dévoilé le secret de ma flamme?
Ah! que dois-je augurer du trouble où je vous vois?
Oui, je brûle pour vous, et suis fier de mon choix,
Animé d'un espoir peut-être téméraire;
Je veux vous mériter, et j'aspire à vous plaire;
Remettez-moi le soin de finir vos malheurs,
J'irai dans les combats vaincre sous vos couleurs.
Dans l'Orient troublé plus d'un prince infidèle
Au bruit de nos apprêts s'épouvante et chancelle;
Leur trône est l'héritage ouvert à nos exploits :
La victoire en courant renouvelle les rois.
Souverain à mon tour, du fruit de ma conquête
Puissé-je de mes mains couronner votre tête
En m'unissant à vous par un nœud solennel!

AMÉLIE.

Nous unis... nous! le sort qui me fut si cruel
Permettrait... Mais, seigneur, la pitié vous égare...
Un invincible obstacle à jamais nous sépare :
L'ombre de Conradin, sanglant, percé de coups,
Terrible, vous repousse et se place entre nous.

MONTFORT.

Ah! ne m'opposez pas cette injuste barrière;
Jeune encor, de la croix je suivais la bannière,
Quand Charles par ce meurtre a souillé ses lauriers.

AMÉLIE.

Vous partagez l'empire avec ses meurtriers!

MONTFORT.

Vos pontifes sacrés poussent trop loin l'audace;
De leurs conseils jaloux je reconnais la trace;
Des ténèbres du cloître ils dirigent vos pas;
Qu'ils tremblent!...

AMÉLIE.

Arrêtez, et ne blasphémez pas!
Celui dont vous bravez la majesté céleste

Refuse ses autels à cet hymen funeste.
Mon père me transmet sa sainte volonté;
J'entends, j'entends la voix de Conrad irrité;
Il maudit les bourreaux de sa triste famille,
Et désigne un époux plus digne de sa fille.

MONTFORT.
Un plus digne!... et quel est ce rival odieux?

AMÉLIE.
Lorédan doit s'unir au sang de mes aïeux.

MONTFORT.
Lorédan! se peut-il?

AMÉLIE.
D'où naît votre surprise?
Avant qu'il vous connût ma main lui fut promise.

MONTFORT.
A Lorédan? Qu'entends-je?

AMÉLIE.
Il a reçu ma foi...

MONTFORT.
Vous l'aimez, vous!

AMÉLIE.
Seigneur...

MONTFORT.
Il l'emporte sur moi!
Vous l'aimez!... il semblait insensible à vos charmes.
Lorédan, mon ami, lui, mon compagnon d'armes,
Mon frère!... pour me perdre il n'avait obéi...
Il était mon rival... l'ingrat... je suis trahi!...

AMÉLIE.
Seigneur, à quel penser votre esprit s'abandonne!
Quoi! vous le soupçonnez!...

MONTFORT.
O Dieu! je le soupçonne!
Sa trahison éclate à mes yeux indignés;
Je la vois, j'en gémis... c'est lui que vous plaignez.
Je ne puis soupçonner le traître qui m'outrage!...
Vous l'aimez; le mépris sera donc mon partage;
Le mépris... ô fureur! ô cœur trop confiant!

AMÉLIE.
Croyez...

MONTFORT.
Vous le perdez en le justifiant,
Madame.

AMÉLIE.
Je frémis; je crains par ma présence
D'irriter contre lui votre injuste vengeance.
Ciel! il vient...

MONTFORT.
Mon courroux sera donc satisfait!

AMÉLIE, à Lorédan.
Qu'avez-vous exigé, cruel, et qu'ai-je fait?

SCÈNE IV.
LORÉDAN, MONTFORT.

LORÉDAN.
La princesse vous quitte et s'enfuit éperdue;
Qu'avez-vous? quel transport vous saisit à ma vue?

MONTFORT.
Se jouer à ce point de ma crédulité!
(A Lorédan.)
Jamais ressentiment ne fut mieux mérité.
Pouvez-vous feindre encor d'ignorer mon injure?

LORÉDAN.
Qui vous a fait outrage?...

MONTFORT.
Un perfide, un parjure,
Un infidèle ami, que j'avais mal jugé,
Qui déchire la main dont il fut protégé,
Qui sous de faux dehors à mes yeux se déguise,
Abuse des secrets surpris à ma franchise,
Qui me perce le sein des plus sensibles coups,
Qui me trahit, me tue; et cet ami, c'est vous!

LORÉDAN.
Moi!

MONTFORT.
Vous, ingrat, oui, vous; votre audace est extrême:
Vous attaquer à moi! me ravir ce que j'aime!

LORÉDAN.
Je devrais mépriser cette aveugle fureur;
Mais je veux bien descendre à vous tirer d'erreur.
Que me reprochez-vous? un amour légitime,
Que je pouvais nourrir, et vous cacher sans crime.
Avant de déclarer vos projets et vos feux,
Aviez-vous mis, seigneur, un prix à ces aveux?
Les ai-je provoqués par quelque lâche adresse?
Cet ami, dont Montfort méconnaît la tendresse,
Profondément blessé, ne se plaint qu'à regret;
Mais vous trahissait-il en gardant son secret?

MONTFORT.
Vous l'osez demander, quand votre tyrannie
N'use de son pouvoir sur la faible Amélie,
Que pour tromper mes vœux, que pour forcer son choix!

LORÉDAN.
En loyal chevalier j'ai réclamé mes droits.

MONTFORT.
Vos droits! et d'où vous vient cette arrogance insigne,
De disputer un cœur dont je me suis cru digne?

LORÉDAN.
D'un discours si hautain justement irrité,
Je vous en dois le prix, seigneur, la vérité.
Ces courtisans nombreux, que la France a vus naître,
Encensent dans vos mains le sceptre de leur maître:
Hélas! je me crus libre en l'adorant comme eux...
Mais mon malheur m'apprend qu'il est des malheureux.
Mes yeux s'ouvrent enfin sur le sort de mes frères;
Croyez-moi, redoutez l'excès de leurs misères.
Ne forcez point ce peuple à sortir du devoir,
Et par pitié pour vous craignez son désespoir.

MONTFORT.
Insensés! eh! que peut votre rage inutile?
Cinq chevaliers français ont conquis la Sicile!

LORÉDAN.
Leur vertu les fit rois bien plus que leurs succès:
Ils étaient généreux, humains, vraiment Français.
Ces valeureux enfants de l'antique Neustrie,
D'une race infidèle ont purgé ma patrie;
Mais vous, quels sont vos droits, vos titres? Nos revers?
Mais vous, qu'avez-vous fait, que nous donner des fers?
Allez, votre amitié ne veut que des esclaves;
Ses dons sont flétrissants, ses nœuds sont des entraves;

ACTE II, SCÈNE IV.

te les brise, et bénis un effort de fierté,
Qui me rend mon estime avec ma liberté.

MONTFORT.

Soyons donc ennemis ! oui, je vous abandonne.
Dépouillé de l'éclat que ma faveur vous donne,
Retombez dans la foule où vous étiez plongé ;
Je ne vous parle plus qu'en vainqueur outragé,
Qu'en maître tout-puissant, qui veut qu'on obéisse.
Désormais vous pourrez m'accuser d'injustice,
De vos chagrins amers me proclamer l'auteur :
Je deviendrai pour vous tyran, persécuteur.
Perdez, perdez l'espoir d'obtenir Amélie ;
Qu'à me céder sa main votre orgueil s'humilie.
Qu'un exil mérité vous dérobe à ses yeux ;
Fuyez, je vous bannis, et voilà mes adieux.

SCÈNE V.

LORÉDAN, seul.

L'ai-je bien entendu ? c'est à moi qu'il s'adresse !
C'est à moi qu'il défend de revoir la princesse !
Me bannir !... Quel abus d'un pouvoir détesté !...
Je cède à la fureur dont je suis transporté...
Ciel ! est-il rien d'égal aux affronts que j'endure ?

SCÈNE VI.

PROCIDA, LORÉDAN.

PROCIDA.

L'instant est favorable, il se plaint d'une injure.
Mon fils, pourquoi ce trouble ?

LORÉDAN.
Ah ! mon père, est-ce vous ?
Que je suis indigné ! vengez-moi, vengeons-nous.

PROCIDA.

Eh ! de qui ?

LORÉDAN.
De Montfort.

PROCIDA.
De votre ami !

LORÉDAN.
D'un maître,
Qui ne méritait pas, qui doit cesser de l'être.

PROCIDA.

Ce vainqueur généreux !...

LORÉDAN.
Dites ce ravisseur.
Du dernier de nos rois me disputer la sœur !
Montfort, un étranger !

PROCIDA.
Quel excès d'arrogance !

LORÉDAN.

Il prétend m'écraser du poids de sa puissance :
Le superbe ! c'est peu de m'avoir menacé...

PROCIDA.

Qu'a-t-il fait ?

LORÉDAN.
De ces murs, mon père, il m'a chassé.
Il faut que par sa mort...

PROCIDA.
Parlons plus bas ; je t'aime...
Je suis de tes affronts blessé comme toi-même.
Te chasser du palais fondé par tes aïeux !

LORÉDAN.

Et j'ai pu contenir mes transports furieux !

PROCIDA.

O despotisme horrible !

LORÉDAN.
O joug insupportable !

PROCIDA.

Il te traite en esclave...

LORÉDAN.
Il me traite en coupable ;
Ma honte et mon malheur sont au comble...

PROCIDA.
Mon fils,
Voilà, depuis seize ans, le sort de ton pays ;
D'étrangers, de bannis, une horde insolente
Nous tient, depuis seize ans, sous sa verge sanglante.
Quels affronts ou quels maux nous ont-ils épargnés ?
Où fuir, où reposer nos regards indignés ?
Est-il une cité sur ce triste rivage,
Que ne désolent pas le meurtre et le pillage ?
La Sicile a perdu ses plus fermes soutiens.
Chaque jour les honneurs, les dignités, les biens,
S'en vont, tout dégouttants du sang de l'innocence,
Décorer l'injustice, enrichir la licence.
Contre ces forcenés les lois sont sans vigueur ;
Le commerce inactif expire de langueur.
Tout un peuple, au travail attaché par la crainte,
Ranime en gémissant son industrie éteinte ;
Il s'épuise à payer leurs plaisirs onéreux ;
Rien ne les satisfait, rien n'est sacré pour eux.
Que ne profanent pas leurs mains insatiables !
Des temples dépouillés les trésors vénérables,
Abandonnés en proie à leur cupidité,
Sont bientôt dévorés par un luxe effronté.
Saint respect des autels, vertus, talents, génie,
Tout meurt dans la contrainte et dans l'ignominie !
O Palerme ! ô douleur ! déplorable cité,
Où sont tes jours de gloire et de prospérité ?
Le deuil couvre ton front flétri par l'esclavage ;
Je ne reconnais plus tes mœurs ni ton langage ;
Les supplices, le rapt et les bannissements,
Ouvrent par cent chemins la tombe où tu descends ;
Et quand tu vas périr, quand ton heure est prochaine,
Quand je te vois tomber, expirant sous ta chaîne,
Nos meilleurs citoyens ignorent tes malheurs,
Et mon fils est l'ami de tes persécuteurs !

LORÉDAN.

Votre fils veut combattre, et s'immoler pour elle.
Déclarons aux tyrans une guerre éternelle.

PROCIDA.

Silence !... Tes projets sont nobles, ils sont grands ;
Faisons jusqu'au tombeau la guerre à nos tyrans ;
Ne la déclarons pas.

LORÉDAN.
Je n'ose vous comprendre.

PROCIDA.

Bientôt nos oppresseurs du trône vont descendre.

LORÉDAN.

Hâtons-nous ; loin de moi ces détours superflus !
Que chassés de Palerme...

PROCIDA.

Ils n'en sortiront plus.
Femmes, enfants, vieillards, tous ceux que l'alliance,
L'amitié, l'intérêt asservit à la France,
Confondus avec eux, frappés des mêmes coups,
Suivront dans le cercueil leurs ombres en courroux.

LORÉDAN.

Dois-je vous croire ? ô ciel ! quel horrible mystère !
Vous conspirez leur perte ! ô forfait ! vous, mon père !

PROCIDA.

Tu frémis... homme faible ! eh ! vaut-il mieux pour nous
Dans des fers éternels vieillir à leurs genoux ?
Vaut-il mieux en rampant déshonorer sa vie
Que de la prodiguer pour sauver la patrie,
Pour briser l'instrument de sa captivité,
Lui rendre le bonheur, ses lois, sa dignité,
La venger ?

LORÉDAN.

Tout mon cœur s'émeut à ce langage.
Mais les assassiner sans pitié, sans courage !

PROCIDA.

De la pitié pour eux ! quoi, pour ces inhumains ?
Fatigués de nos cris, nous ont-ils jamais plaints ?
D'un pouvoir usurpé leur insolence abuse.
La force est dans leurs mains, triomphons par la ruse.
Ce combat comme à nous peut leur être fatal ;
Égaux sont les périls, le courage est égal.
Qu'un simple citoyen, sans appui que lui-même,
Dispute à des vainqueurs l'autorité suprême ;
Trompant les ennemis dont il marche entouré,
De chaque malheureux qu'il fasse un conjuré ;
Quand sa perte dépend d'un seul mot, d'un seul geste,
Ferme dans ses desseins, foulant aux pieds le reste,
Qu'il offre aux coups du sort un cœur exempt d'effroi ;
Est-ce un lâche à tes yeux ? prononce, et juge-moi.
Dis-moi si le guerrier que le glaive moissonne
Mérite mieux l'honneur dont sa mort le couronne ?
Il s'immole à ses rois, j'expire pour le mien.
Ah ! que mon sacrifice est plus grand que le sien !
La gloire prête un charme aux horreurs qu'il affronte ;
Et peut-être demain je meurs chargé de honte,
Traîné sur l'échafaud, lentement déchiré,
Et tout ce peuple ingrat pour qui je périrai,
S'enivrant du plaisir de compter mes blessures,
Viendra, la joie au front, sourire à mes tortures.

LORÉDAN.

Ah ! le même tombeau nous recevra tous deux.
Notre sang confondu...

PROCIDA.

Que dis-tu, malheureux ?
Où m'emporte un courroux dont je ne suis plus maître ?
A ton cœur généreux j'ai trop parlé peut-être.
Pourquoi t'exposerais-je aux dangers que je cours ?
Ne me condamne pas à trembler pour tes jours ;
Garde-toi d'embrasser, dans l'ardeur de ton zèle,
Le dangereux projet que ma voix te révèle ;
Qu'il meure dans ton sein, j'en demande ta foi ;
Voilà l'unique effort que j'exige de toi.
Tu dois tout ignorer, tu n'es pas mon complice ;
Tu vivras, que le sort me soit ou non propice,
Tu vivras ; pour moi seul, à mes derniers moments,
J'ai droit de réclamer l'opprobre et les tourments ;
Seul, au fer des bourreaux j'irai porter ma tête...

LORÉDAN.

Il n'est plus ni pitié, ni respect qui m'arrête ;
Vos timides conseils ne me retiendront pas.
Faut-il frapper ? parlez, et dirigez mon bras.

PROCIDA.

Non, tu ne démens pas les héros de ta race. (*Il l'embrasse*;)
Viens, mon fils, viens, mon sang, que ton père embrasse,
Espoir de mes vieux jours, viens recueillir des pleurs
Que n'ont pu m'arracher dix-huit ans de malheurs...
N'hésite plus... suis-moi...

LORÉDAN.

Sans revoir la princesse,
Sans l'instruire !

PROCIDA.

Suis-moi, te dis-je ; le temps presse.

LORÉDAN.

Loin des murs du palais, si l'effroi la conduit,
Errante, sans secours, dans l'ombre de la nuit...
Si quelque meurtrier...

PROCIDA.

Nous veillerons sur elle ;
Viens, les instants sont chers, et l'honneur nous appelle.

LORÉDAN.

Eh bien ! c'en est donc fait ! le sort en est jeté,
Partons... Adieu, séjour par le crime habité !
Et vous, de mes aïeux vénérables images,
J'en fais serment par vous, témoins de mes outrages !
Du dernier des tyrans ces murs seront purgés,
Et nous n'y rentrerons que vainqueurs et vengés.

ACTE TROISIÈME.

SCÈNE I.

ELFRIDE, AMÉLIE.

ELFRIDE.

Vous sortez du lieu saint, abattue et tremblante.
Quel sinistre penser vous glace d'épouvante ?
Vous frissonnez ; vos yeux, fixés sur cet écrit,
Trahissent le désordre où flotte votre esprit.
Ah ! pour vous quel malheur faut-il que je redoute ?

AMÉLIE.

Un autre est menacé ; tu vas frémir, écoute :
Le prêtre accomplissait les mystères divins ;

Du temple un peuple immense assiégeait les chemins,
J'arrive ; prosternée au pied du sanctuaire,
J'implorais du Très-Haut la bonté tutélaire ;
Je priais : par degrés d'affreux pressentiments
D'une terreur croissante ont pénétré mes sens.
Distraite, malgré moi, soit pitié, soit faiblesse,
L'image de Montfort me poursuivait sans cesse.
Je le voyais trahi, fuyant, abandonné,
Par l'ange de la mort dans sa fleur moissonné.
J'ai vu, j'en tremble encor, la céleste vengeance
Sur les marbres sanglants écrire sa sentence.
Peut-être à cet aspect j'avais pâli d'effroi,
Un pontife du ciel s'est incliné vers moi :
« Bannissez, m'a-t-il dit, cette douleur profonde.
« J'en ai l'espoir, ce jour, où le Sauveur du monde
« S'éleva triomphant des ombres du tombeau,
« Ce jour doit éclairer un miracle nouveau.
« Il doit nous sauver tous. » J'écoutais en silence.
Lorédan près de nous dans la foule s'avance :
« Lisez ce qu'un ami vous révèle en secret ;
« Il y va de vos jours ! » Il dit, et disparaît.
Juge de quelle horreur j'ai senti les atteintes,
Quand ce fatal billet a confirmé mes craintes :
« Renfermée au palais, loin des sacrés parvis,
« Attendez le lever de la prochaine aurore.
« Vos amis, quoique absents, vous protègent encore,
« Et l'un d'eux vous transmet cet important avis.
« Il doit une victime au sang de votre frère :
« L'heure approche où dans l'ombre un châtiment sou-
« Vengera, sur Montfort, et la Sicile entière,   [dain
« Et le meurtre de Conradin. »

ELFRIDE.

Eh ! qu'importe pour vous qu'un ennemi périsse ?
Pourquoi dans son trépas vous chercher un supplice ?
Quel changement ! Jadis vos soupirs et vos pleurs
Ne demandaient au ciel que du sang, des vengeurs.

AMÉLIE.

Il m'a trop écoutée ; alors j'étais barbare...
Dans quels vœux indiscrets la fureur nous égare !

ELFRIDE.

Quoi ! déjà pour Montfort votre cœur désarmé...

AMÉLIE.

Peut-être au repentir le sien n'est pas fermé !
Que de nobles vertus il reçut en partage !
L'ardente ambition seule en corrompt l'usage.
Ah ! de ces dons heureux les mains qui l'ont orné
A des tourments sans fin ne l'ont pas condamné.
Non, je ne puis le croire, et ma raison tremblante
Devant ce châtiment recule d'épouvante.
Que n'ai-je interrogé les ministres de Dieu ?
Comment doit-il périr ? à quelle heure ? en quel lieu ?
Quels sont les assassins ? hélas ! que dois-je faire ?
A ce trépas certain ne puis-je le soustraire ?

ELFRIDE.

Le sauver, vous, Montfort ?... Qu'osez-vous desirer ?

AMÉLIE.

S'il quitte ce palais, c'est pour n'y plus rentrer...
Non, tu ne prévois pas quel danger le menace,
Leurs bras pour le frapper cherchent déjà la place...
On l'attend... ils sont là....

ELFRIDE.

Cachez mieux vos frayeurs.
Quelqu'un vers nous s'avance...

AMÉLIE.

Ah ! c'est lui ; je me meurs...

ELFRIDE.

Venez ; loin de ses yeux, souffrez que je vous guide.

AMÉLIE.

Je le voudrais en vain ; je ne le puis, Elfride.
Un lien invisible attache ici mes pas :
Demeure ; par pitié, ne m'abandonne pas.

SCÈNE II.
ELFRIDE, AMÉLIE, MONTFORT.

MONTFORT.

De mes fureurs, madame, accusez un perfide.
J'ai pu blesser les lois de ce respect timide
Qu'un chevalier, trompé dans ses vœux les plus chers,
Garde encore à l'objet dont il porta les fers.
Je le sais ; j'aurais dû, plus grand, plus magnanime,
Commander aux transports d'un courroux légitime ;
Épargner un rival indigne de mes coups,
Et forcer votre estime en l'unissant à vous.
Je l'ai banni, madame ; il triomphe, à ma honte,
De ce coupable abus d'un pouvoir qu'il affronte...
Loin de moi le plaisir qu'un tyran peut chercher
Dans les tourments d'un cœur qu'il n'a pas su toucher !
Je révoque un arrêt dont ma gloire murmure :
J'avilirais le sceptre à venger mon injure.
Sans crainte Lorédan peut revoir ce séjour ;
Qu'il reprenne son rang, qu'il se montre à la cour,
Que l'ingrat, sur ma foi, goûte un bonheur tranquille.
Avant la fin du jour je quitte cet asile,
Où le premier des droits de l'hospitalité
Par un ami trompeur ne fut pas respecté.

AMÉLIE.

Quoi ! vous partez, seigneur ?

MONTFORT.

Je le dois ; je m'empresse
D'affranchir vos regards d'un aspect qui les blesse.
Je n'éclaterai point en regrets superflus.
Vos vœux seront remplis, vous ne me verrez plus.

AMÉLIE.

Hélas ! il dit trop vrai !

MONTFORT.

Sur les discours d'un traître,
Vous me jugez, madame, et pensez me connaître.
Ces prêtres ombrageux, de qui ma fermeté
Ne sait point encenser la fière humilité,
M'ont dépeint devant vous comme un monstre, un im-
Il n'est point de forfaits que mon trépas n'expie, [pie,
Et, perdant un superbe en son crime obstiné,
Au tribunal de Dieu leur voix m'a condamné.

AMÉLIE.

Elle est des saints décrets l'interprète fidèle ;
Le coupable périt par son mépris pour elle ;
Il ne voit point l'abîme entr'ouvert sous ses pas...
Quelque pressentiment ne vous glace-t-il pas ?

MONTFORT.
Moi, que voulez-vous dire?
AMÉLIE.
Un effroi salutaire
Sur des périls cachés quelquefois nous éclaire.
MONTFORT.
Quel sentiment vous porte à trembler pour des jours
Dont vos mortels refus empoisonnent le cours?
Serait-ce la pitié?... J'étais loin de m'attendre
Qu'à l'inspirer jamais l'amour me fit descendre,
Et qu'on dût m'abaisser jusqu'à plaindre mon sort!
Madame, c'en est fait...
AMÉLIE.
S'il me quitte, il est mort!
MONTFORT.
Je veux vous épargner un sentiment pénible,
Je m'éloigne...
AMÉLIE.
Ah! Montfort!
MONTFORT.
O ciel! est-il possible!
Quoi! vous me rappelez?
AMÉLIE.
Où voulez-vous courir?
Ce peuple est malheureux; il est las de souffrir.
Aux mânes de ses rois brûlant de satisfaire,
S'il formait contre vous un complot sanguinaire!
MONTFORT.
Il n'oserait, madame.
AMÉLIE.
Un lâche, un meurtrier
A son zèle inhumain peut vous sacrifier...
MONTFORT.
Il n'oserait, vous dis-je.
AMÉLIE.
O quelle étrange ivresse
Vous pousse en furieux au piège qu'on vous dresse!
Craignez vos ennemis; pour ce peuple et pour eux
Cessez de vous parer d'un mépris dangereux.
Est-ce donc par l'orgueil que brille un vrai courage?
S'obstiner à périr, c'est une aveugle rage;
C'est payer de son sang un vain et faux honneur.
MONTFORT.
Et qu'importe la vie à qui perd le bonheur?
Pourquoi m'inquiéter d'un fardeau qui m'accable,
Pour nourrir sans espoir un amour déplorable,
A mon repos, au vôtre, à ma gloire fatal;
Pour voir et pour orner le succès d'un rival?
Non, d'un lâche ennemi si le bras m'assassine,
C'est vous qui conduisez les coups qu'il me destine.
Triomphez, vos désirs sont enfin satisfaits!
AMÉLIE.
Que je triomphe, ô Dieu! du plus noir des forfaits!
Qui? moi! de votre mort? et vous l'avez pu croire!
Je poursuis de mes vœux cette horrible victoire!
Dans ces yeux, que vos soins n'ont jamais attendris,
Vous ne voyez encor que haine et que mépris?
Barbare, ta fierté, qu'un moment j'ai blessée,
Défend bien ton esprit d'une telle pensée.
Tu te complais peut-être en ta funeste erreur,
Pour jouir de mon trouble, observer ma terreur.

Oui, ces chagrins cuisants dont l'ardeur me consume,
Ce cœur chargé d'ennuis et gonflé d'amertume,
Tant de pleurs répandus, mes remords, mes combats,
T'ont prouvé malgré moi que je ne te hais pas;
Tu te fais une joie orgueilleuse et cruelle
D'attacher sur mon front une honte éternelle,
Tu veux forcer ma bouche à se déshonorer
Par l'aveu d'un amour que tu feins d'ignorer.
Va, ta gloire est entière, et ta faible victime
Périra dans l'opprobre en détestant son crime,
Et sans se pardonner à ses derniers moments
D'avoir trahi pour toi le plus saint des serments.
Mais tu cours au trépas, tu meurs si je balance;
Mourons donc confondus dans la même vengeance.
L'éternité pour nous s'arme de tous ses feux:
Eh bien! que le ciel tonne et nous perde tous deux!
Je t'aime, ingrat! tiens, lis...
(Elle lui présente le billet.)
MONTFORT.
Ah! que viens-je d'apprendre?
(Lisant.)
Que vois-je?

SCÈNE III.

ELFRIDE, AMÉLIE, MONTFORT, GASTON.

GASTON.
Sans témoins, seigneur, daignez m'entendre.
Le salut de l'état commande qu'à l'instant
Je révèle à vous seul un secret important.
MONTFORT, avec impatience.
Parlez, que voulez-vous? parlez.
GASTON.
Ma crainte augmente.
Une sombre fureur dans les esprits fermente.
Tandis que nos guerriers, instruits par vos leçons,
Comme un rêve insensé méprisent mes soupçons,
Les grands, environnés d'esclaves fanatiques,
Travaillent au succès de leurs sourdes pratiques.
Procida m'est suspect; sachez que cette nuit
La mer sur un esquif dans le port l'a conduit.
AMÉLIE.
Je tremble!
MONTFORT.
Procida?
GASTON.
Sur un avis fidèle,
De son retour prochain j'attendais la nouvelle;
Vous auriez tout appris, si de tels intérêts
Enchaînaient un moment vos désirs inquiets.
Mais quel frein opposer à leur impatience?
J'ai su, réduit par vous à garder le silence,
Entourer le palais d'amis sûrs et prudents;
Un d'eux l'a reconnu sous d'obscurs vêtements:
Par mon ordre arrêté, devant vous on l'entraîne.
AMÉLIE.
Je le perds!
MONTFORT.
Sur ces bords quel dessein le ramène?
GASTON.
Sans doute un grand complot, prêt à s'exécuter,

Avait besoin d'un chef pour oser éclater.
Des pièges qu'il nous tend démêlons l'artifice ;
La vérité jaillit du plus léger indice:
Pour le convaincre, un mot, un seul témoin suffit.
Coupable, il doit périr...

AMÉLIE, dans le plus grand trouble, à Montfort.
Rendez-moi cet écrit.

GASTON.
L'état vous le défend s'il nous révèle un crime.

MONTFORT, bas.
En voulant la sauver, vous nommez la victime.

AMÉLIE.
O justice éternelle ! est-ce lui que j'entends ?
Voilà le digne prix de mes égarements ;
Il m'arrache le jour que ma bonté lui donne.
(A Elfride.)
Ote-moi de ces lieux... La raison m'abandonne...
Ah ! le cruel ! pour lui j'ai tout sacrifié ;
J'ai tout trahi, mon Dieu, l'honneur et l'amitié.

SCÈNE IV.
MONTFORT, GASTON.

GASTON.
Lorédan suit mes pas, frémissant de colère ;
Il se plaint de l'affront dont j'ai flétri son père.
Instruit, n'en doutez point, de ce retour secret,
Pourquoi l'a-t-il caché ?

MONTFORT.
Quel que fût son projet,
Ne le soupçonnez pas d'une basse vengeance ;
Amant et malheureux, quels droits à l'indulgence !
Je suis aimé, Gaston ; j'oublie en ce moment
Qu'il a trop écouté son fol emportement.
J'étais cruel, injuste, et, malgré mon offense,
Je crois que Lorédan fût mort pour ma défense.

SCÈNE V.
PROCIDA, LORÉDAN, MONTFORT, GASTON,
CHEVALIERS, GARDES.

LORÉDAN.
M'apprendrez-vous, enfin, seigneur, quels sont vos
Pour opprimer le faible et pour braver les lois ? [droits
Se reposant sur vous du poids d'un diadème,
Le roi vous a-t-il fait plus roi qu'il n'est lui-même ?
D'où vient que son ministre, avec impunité,
Ose porter les mains sur notre liberté ?

PROCIDA.
(A Montfort.)
Contenez-vous, mon fils. Quelle est l'injuste cause
Du traitement étrange où mon retour m'expose ?

MONTFORT.
Qui vous rend si hardi que de m'interroger ?

PROCIDA.
Apprenez-moi mon crime avant de me juger.

MONTFORT.
Ennemi déclaré de ce naissant empire,
Trop fier pour être utile, et trop faible pour nuire,

Aux pieds des souverains rampant de cours en cours,
Vous avez contre nous mendié leurs secours !

PROCIDA.
Non, seigneur ; mais j'ai vu la Sicile asservie,
Avec la liberté j'ai fui de ma patrie.

MONTFORT.
Aujourd'hui dans son sein qui vous force à rentrer ?

PROCIDA.
J'ai voulu la revoir avant que d'expirer.

MONTFORT.
Quoi ! pour livrer vos mains à d'indignes entraves !

PROCIDA.
Pour vivre et mourir libre au milieu des esclaves.

MONTFORT.
Vous perdez le respect, vieillard audacieux !

PROCIDA.
Je ne sais qui de nous l'a conservé le mieux.
J'honore votre rang, et le fais sans bassesse ;
Mais ne devez-vous rien, seigneur, à ma vieillesse ?

MONTFORT.
Non, traître ; je connais votre horrible dessein.

LORÉDAN.
Il sait tout !

PROCIDA.
Quel est-il ?

MONTFORT.
De me percer le sein.

PROCIDA.
Moi ?

MONTFORT.
(A Lorédan.)
Toi-même, toi seul. Ah ! ce crime est infâme ;
Jamais tant de noirceur n'aurait souillé ton âme.
On t'osait soupçonner, ma voix t'a défendu.
Que ton accusateur d'un mot soit confondu ;
Ta foi me suffira, j'en croirai ta réponse :
(lui montrant le billet.)
Connais-tu le complot que cet écrit dénonce ?

LORÉDAN.
En croirai-je mes yeux ? Il est trop vrai...

PROCIDA.
Mon fils !

LORÉDAN.
Dans vos mains, se peut-il ?... Dieu ! qui vous l'a remis ?

MONTFORT.
Quoi ! tu serais l'auteur !...

LORÉDAN.
Parlez... Ah ! l'infidèle !
Quel prix de mes bienfaits, de mon amour pour elle !

PROCIDA.
Insensé, que dis-tu ?

LORÉDAN.
J'ai dit la vérité.

MONTFORT.
Ce billet criminel...

LORÉDAN.
C'est moi qui l'ai dicté.
Du fer sacré des lois tu profanais l'usage :
Tyran, je l'ai saisi pour sortir d'esclavage.
Dans un sang odieux brûlant de le tremper,
Pour lui rendre l'honneur j'ai voulu t'en frapper.
Que mon dernier aveu t'éclaire, et te délivre

Des soupçons outrageants où la terreur te livre.
J'étais de ce dessein l'auteur et l'instrument ;
Mon père l'ignorait, mon père est innocent.
Hélas ! j'ai cru servir, en t'arrachant la vie,
L'ingrate qui t'adore et qui me sacrifie.
Elle veut mon trépas, je l'attends sans effroi,
Et même de ta main c'est un bienfait pour moi.
(A Procida.)
Il vous rend l'innocence, il va briser ma chaîne ;
(A Montfort.)
Il assemble sur toi plus d'opprobre et de haine.
Achève, je suis prêt, tu le peux ordonner :
C'est moi qui suis coupable et qu'il faut condamner !

MONTFORT.

Malheureux, tu te perds ! crois-tu sauver ta gloire
Par ce superbe aveu d'une fureur si noire ?

LORÉDAN.

Je vous l'ai dit, mon cœur ne me reproche rien ;
Faites votre devoir, j'ai cru faire le mien.

MONTFORT.

Tu le veux, j'y consens ! l'état qui me contemple
Attend de ma rigueur un effrayant exemple :
Ton inflexible orgueil m'excite à le donner...
D'où vient que ma pitié s'obstine à pardonner ?
Amitié, dont la voix crie au fond de mon ame,
Contre toi vainement mon équité réclame !
Que mes jours, s'il le faut, soient encor menacés,
Je conserve les siens ; qu'il vive, c'est assez :
Celui que j'ai chéri, que j'ai nommé mon frère,
Ne saurait dépouiller ce sacré caractère.
(A Lorédan, qui veut l'interrompre.)
N'espérez plus, seigneur, rallumer mon courroux ;
Écoutez-moi, je veux vous sauver malgré vous.
Apprenant vos fureurs, le roi dans sa justice
Doit sans doute au forfait égaler le supplice ;
Ce soir, sur un esquif abandonnant ces bords,
Dérobez votre tête à ses premiers transports.
(A Procida.)
Vous suivrez votre fils. Je sais qu'on vous soupçonne,
Et, quel qu'en soit le but, ce prompt retour m'étonne.
Gardez de murmurer quand ma sévérité
Assure mon repos et votre liberté.
Par cet ordre envers vous ma faveur se déclare.
Tous mes torts, Lorédan, ce moment les répare ;
Je suis quitte avec toi, je ne suis point clément.
Ah ! quand on est heureux, qu'on pardonne aisément !

LORÉDAN.

Moi, de votre pitié j'accepterai ma grace !
Ma faute m'avilit si mon sang ne l'efface...

PROCIDA.

Vivez pour m'obéir et pour la réparer.

MONTFORT.

Je puis hâter l'instant qui vous doit délivrer,
Mais non vous affranchir d'un reste de contrainte :
De ces murs, pour prison, je vous donne l'enceinte.
(A Gaston.)
Qu'une garde nombreuse entoure le palais ;
De nos remparts peut-être on veut troubler la paix ;
Parcourez-les, Gaston, s'il est quelque rebelle,
Que votre seul aspect au devoir le rappelle.

Qu'on rassemble les chefs des plus nobles maisons,
Je veux me dégager du poids de mes soupçons,
M'appuyer du secours de leur expérience :
Ils attendront ici mon ordre ou ma présence.
(A Lorédan et Procida.)
Croyez-moi, près du trône il vous reste un ami,
Et le temps prouvera s'il pardonne à demi.
Votre danger commun plus que moi vous exile ;
Puisse votre retour au sein de la Sicile
Nous unir par des nœuds plus sacrés désormais !
Lorédan, c'est ainsi que se venge un Français.

※※※

SCÈNE VI.
PROCIDA, LORÉDAN.

PROCIDA.

Tu demeures sans voix et restes immobile.
N'attends pas de ma bouche un reproche inutile.
Les instants sont trop chers pour les perdre en discours.

LORÉDAN.

Et j'ai pu consentir qu'il épargnât mes jours !

PROCIDA.

Il a proscrit les miens dont il s'est fait l'arbitre.
Pourquoi m'a-t-il banni ? par quel ordre ? à quel titre ?
Que lui dois-tu toi-même ? ô pardon généreux !
Un exil qui, plus juste, en devient plus honteux,
Qui lui livre tes biens, ta gloire, ton amante.

LORÉDAN.

Comme ils triompheront de ma rage impuissante !
L'hymen va couronner leurs infâmes amours...
Qu'ils s'unissent ! fuyons... mais la fuir pour toujours !
Mais sans l'avoir punie et sans que ma colère...
Ah ! perfide, jamais tu ne me fus si chère.

PROCIDA.

Nous ne partirons pas, modérez ces transports.
Vainement le succès veut tromper nos efforts.

LORÉDAN.

Ciel !

PROCIDA.

Les ressorts cachés qui m'y doivent conduire
Se soutiennent l'un l'autre et ne sauraient se nuire.
Tout m'obéit encore, et tout marche animé
D'un mouvement commun par mon ordre imprimé.
Que je sois prisonnier, que je cesse de vivre,
Ou Fondi me succède, ou son bras me délivre.
Au retour de la nuit il pénètre en ces murs,
Deux cents de nos guerriers, amis fermes et sûrs,
Et de qui la valeur doit triompher du nombre,
Des hauteurs d'Alcassar vont se saisir dans l'ombre.
Oddo s'introduit seul dans le palais du roi :
Ce fort est sans défense, et la garde est à moi.
Tandis que, rassurant tout un peuple qui tremble,
Au cri de liberté Borella le rassemble,
De Malte, avant le jour, cent proscrits attendus,
En vainqueurs sur nos bords sont bientôt descendus.
Des portes de la mer leur cohorte s'empare ;
Les soldats sont surpris ; Palerme se déclare :
Chaque temple présente aux plus audacieux
Des armes que nos soins cachent à tous les yeux...

LORÉDAN.
Mais le temps pourra seul consommer votre ouvrage,
Et le peuple inconstant n'a qu'un jour de courage.
PROCIDA.
Il faudra l'arrêter; vain jouet de l'erreur,
Il adore avec crainte, il hait avec fureur.
S'il renverse un despote, il le poursuit encore
Dans les plus vils appuis d'un pouvoir qu'il abhorre;
Ses vengeances toujours surpassent ses tourments :
L'homme écrase à plaisir ce qu'il a craint long-temps.
Salviati s'approche...
LORÉDAN.
Aveuglé par son zèle,
Quel dessein téméraire en ces murs le rappelle?
PROCIDA.
Courtisan de Montfort, connu dans le palais,
Du soupçon sa faveur doit détourner les traits.
Que viens-tu m'annoncer?

SCÈNE VII.
SALVIATI, PROCIDA, LORÉDAN.

SALVIATI.
Notre perte est certaine.
PROCIDA.
Que dis-tu?
SALVIATI.
Plus d'espoir de rompre notre chaîne.
Fondi, dans le conseil appelé par Montfort,
A trouvé près du trône ou des fers ou la mort,
Il n'a point reparu.
PROCIDA.
Sa mort sera vengée!
SALVIATI.
Mais le fort nous échappe, et la garde est changée.
PROCIDA.
Les armes à la main il le faut emporter.

SALVIATI.
La mer contre nos vœux semble se révolter.
Contre nous déclarés, les vents et les orages
Défendent aux proscrits d'approcher des rivages.
PROCIDA.
Il faut vaincre sans eux.
SALVIATI.
Les chefs des conjurés,
De l'ordre de Montfort troublés, désespérés,
N'écoutant qu'à regret ma voix qui les arrête,
Veulent par un aveu détourner la tempête.
PROCIDA.
Tu n'as pas ranimé leur courage abattu?
SALVIATI.
L'effroi dans tous les cœurs a glacé la vertu.
LORÉDAN.
Eh bien, mon père?
PROCIDA.
Eh bien; j'approuve leur prudence.
Ensemble de Montfort implorons la clémence.
Cet ordre inattendu qui les mande à la cour
Leur ouvre comme à toi l'accès de ce séjour.
Gaston seul est à craindre, et son retour funeste...
Il n'importe, obéis; je prends sur moi le reste.
Qu'ils viennent, dans une heure ici je les attends.
Gardons une heure encor la foi de nos serments;
Est-ce trop exiger? oseront-ils se taire?
SALVIATI.
Tout restera voilé du plus profond mystère.
PROCIDA.
Tu le jures? Je puis me reposer sur toi?
SALVIATI.
Comptez sur ma parole.
PROCIDA.
(A Lorédan.)
Adieu. Vous, suivez-moi.

ACTE QUATRIÈME.

SCÈNE I.
AMÉLIE, LORÉDAN.

LORÉDAN.
Vous daignez, par égard au malheur qui l'accable,
Accorder l'entretien que demande un coupable,
Un banni!...
AMÉLIE.
Quels regards! ah! vous m'épouvantez.
Laissez-moi m'éloigner, laissez-moi fuir...
LORÉDAN.
Restez.
Contraint d'abandonner les lieux qui m'ont vu naître,
Je vous quitte, Amélie, et pour toujours peut-être;
Sans cesse importuné de témoins odieux,
Faudra-t-il vous forcer d'entendre mes adieux!
Un horrible soupçon me tourmente et me ronge;

Délivrez-moi du trouble où ce doute me plonge;
Gardez de me tromper, songez que je vous vois,
Que je vais vous parler pour la dernière fois.
AMÉLIE.
(A part.)
Expliquez-vous, seigneur. Ah! je frémis d'avance.
LORÉDAN.
Je veux savoir de vous si la reconnaissance,
Si l'amour, les serments reçus par l'Éternel,
La ferveur qu'on étale au pied de son autel,
Si le respect profond des droits de la nature,
Ne sont qu'un jeu cruel, un piège, une imposture.
AMÉLIE.
Vos étranges discours redoublent mon effroi.
LORÉDAN.
Vous pouvez sans remords lever les yeux sur moi...
Une lettre en secret tantôt vous fut remise...

AMÉLIE.

Il est vrai.

LORÉDAN.

Dans vos mains on ne l'a pas surprise?

AMÉLIE.

Non...

LORÉDAN.

Qu'en avez-vous fait?... Contiens-toi, malheureux.
Montrez-moi cet écrit... il le faut... je le veux!...

AMÉLIE.

Mes yeux s'ouvrent enfin, la raison m'est rendue,
Pour mesurer l'abîme où je suis descendue.
Accablez-moi, seigneur, je l'ai trop mérité.
Mes coupables transports, mes feux ont éclaté.
Montfort...

LORÉDAN.

Perfide amante, épouse criminelle,
Quel nom laisse échapper votre bouche infidèle?
Lui seul il vous accuse! Ah! cette trahison
Est horrible, inouïe, indigne de pardon.
Pâle, vous attendez l'arrêt qui va la suivre...
Ne craignez point... vivez... je vous condamne à vivre,
A traîner dans les pleurs des jours empoisonnés
Par tous les noirs chagrins que vous m'avez donnés.
Puisse le digne objet d'une flamme si pure,
Volage comme vous et comme vous parjure,
Éveiller dans vos sens, de terreur dévorés,
Les jalouses fureurs dont vous me déchirez!
Puisse-t-il, méprisant vos larmes vengeresses,
Repousser d'un sourire et glacer vos tendresses!
Vous gémirez trop tard sur le sort d'un époux,
Si lâchement trompé, proscrit, chassé par vous...
O fatale beauté que j'aimai sans partage,
Qui t'honora jamais d'un plus constant hommage?
Mon dévoûment pour toi te fut-il bien connu?
Quel ordre, quel désir n'ai-je pas prévenu?
Que ne me dois-tu pas, trop ingrate Amélie?
Et tu m'as tout ravi, biens, honneur et patrie!

AMÉLIE.

Non, vous ne mourrez pas sur quelque bord lointain;
Montfort va révoquer ce décret inhumain;
Montfort contre mes pleurs ne pourra se défendre...
Non, je cours à ses pieds...

LORÉDAN.

Eh! qu'oses-tu prétendre?
Tu peux en m'exilant payer tous mes bienfaits,
Me perdre, m'immoler; mais m'avilir, jamais.
Mes maux sont ton ouvrage, ils seront ma vengeance;
Toi, qui fus sans pitié, souffre sans espérance.
Je puis t'abandonner; oui, je mourrai content,
J'ai corrompu ta joie, et te laisse en partant
Ces remords assidus, cruels, inexorables,
Que l'Éternel attache au bonheur des coupables.
A mes yeux plus long-temps tremble de te montrer;
J'ignore où la fureur me pourrait égarer.

AMÉLIE.

Réservée aux douleurs dont ma faute est suivie,
Je ne méritais pas qu'il m'arrachât la vie.

SCÈNE II.

LORÉDAN.

C'en est fait! à la fuir je me suis condamné.
Ah! peut-être un Français, Montfort eût pardonné!
Eh quoi! ne puis-je encor... Moi, que je la rappelle!...
Périsse la perfide, et Montfort avec elle!

SCÈNE III.

LORÉDAN, PROCIDA.

PROCIDA.

O que l'incertitude est un affreux tourment,
Et qu'une heure d'attente expire lentement!
Nos conjurés, mon fils, tardent bien à paraître.

LORÉDAN.

Ils viendront assez tôt pour fléchir sous un maître.
Nous allons de Montfort embrasser les genoux!

PROCIDA.

Peut-être...

LORÉDAN.

Contre lui que peut notre courroux?
Gaston veille en ces lieux; le tromper, le séduire,
Vous ne l'espérez pas.

PROCIDA.

Il ne peut plus me nuire.

LORÉDAN.

Comment?...

PROCIDA.

Nous parcourions ces portiques déserts,
Qui des murs du palais dominent sur les mers.
J'observe, il était seul. Soudain je prends ce glaive,
Je me retourne et frappe; il tombe, je l'enlève,
L'abîme l'engloutit, et sa mourante voix
M'accuse au sein des flots pour la dernière fois.

LORÉDAN.

Mais ne craignez-vous pas que bientôt son absence?...

PROCIDA.

Il est de ces instants où l'audace est prudence,...
Montfort pour reposer vient d'éloigner sa cour;
Il sommeille, accablé par la chaleur du jour...

LORÉDAN.

Qu'osez-vous méditer?

PROCIDA.

Nos amis vont m'entendre.
Malheur à l'imprudent qui nous viendrait surprendre!

(Il descend au fond du théâtre, d'où l'on découvre la cathédrale
et les principaux monuments de Palerme.)

O berceau d'un grand peuple! ô cité que mes yeux
Ont vu libre en s'ouvrant à la clarté des cieux!
Dans tes remparts sacrés j'ai reçu la naissance;
Reçois la liberté de ma reconnaissance!

LORÉDAN.

Vous me rendez l'espoir.

PROCIDA.

Toi, qui nous as trahis,
Je te crois digne encor de sauver ton pays.
Ta faute inspire à tous un mépris légitime;

Choisis pour l'expier quelque grande victime.
Ils viennent, je les vois.

SCÈNE IV.

Les Précédents, SALVIATI, FONDI, Philippe
D'AQUILA, ODDO, BORELLA, LORICELLI,
SELVA, etc., Conjurés.

SALVIATI.
Nous voici rassemblés.
La mort plane sur nous, le temps presse, parlez.

PROCIDA.
Selva, Loricelli, veillez sous ces portiques.
(Aux conjurés.)
Ministres généreux des vengeances publiques,
Vous dont trois ans d'attente ont éprouvé la foi,
Je vous connus toujours incapables d'effroi;
Votre dessein m'étonne, amis, et je dois croire
Qu'un parti si honteux révolte votre gloire.
Je ne vous blâme point : l'impuissance d'agir
Le commandait peut-être, et défend d'en rougir;
Mais au glaive étranger avant d'offrir ma tête,
J'ai voulu vous soumettre un doute qui m'arrête :
Nos torts par un aveu seront-ils expiés?
Quand ces fiers ennemis nous tiendront à leurs pieds,
Qui peut vous assurer que leur reconnaissance
Vous accorde un pardon que vous payez d'avance?

SALVIATI.
Il serait dangereux d'oser nous punir tous.

PROCIDA.
Eh! qui choisiront-ils? prêt à mourir pour vous,
S'ils ne frappent que moi, je bénis mon supplice;
Mais je crains leur clémence autant que leur justice.
L'intérêt pour un temps peut détourner leurs traits;
On saura tôt ou tard vous créer des forfaits;
Et, brisant par degrés le nœud qui vous rassemble,
Punir séparément ceux qu'on épargne ensemble.
Est-il un seul de vous qui ne tremble pour lui?
Demain il périra s'il échappe aujourd'hui.
Oui, vous périrez tous. Vous demandez la vie...
Ah! souhaitez plutôt qu'elle vous soit ravie,
De leur bonté superbe il faudrait l'acheter
Au prix de tous les biens qui la font regretter.
Descendez de ce rang que la gloire environne,
Les vainqueurs sont jaloux du pouvoir qu'il vous donne,
Ils ne pardonneront qu'en vous affaiblissant :
Tant qu'on est redoutable on n'est point innocent.
Vous espérez en paix jouir de vos richesses,
Ne vous flattez pas, ils craindraient vos largesses.
Ces noms que huit cents ans Palerme a révérés,
Ils vous resteront seuls, vous les déshonorez.
Insensés! vous payez de votre ignominie
Les tourments mérités d'une lente agonie.
Est-ce donc vivre, ô ciel! que trembler de mourir,
Que d'obéir toujours, que de toujours souffrir,
Ou, nourris des bienfaits d'une cour étrangère,
D'y cacher de son sort l'opprobre et la misère?
Hélas! si vous fuyez, par vous abandonné,
A quel sceptre pesant ce peuple est enchaîné!
Dans ses maux à venir contemplez votre ouvrage :

De ses persécuteurs vous irritez la rage.
Tout deviendra suspect à leur autorité :
L'effroi chez les tyrans se tourne en cruauté.
Ils vont, sous les couleurs d'une feinte prudence,
Par des pleurs et du sang cimenter leur puissance,
Sur des débris nouveaux l'affermir, l'élever.
J'ai perdu la Sicile en voulant la sauver.

LORÉDAN.
Qu'ai-je fait, misérable?

SALVIATI.
O trop funeste image!

PHILIPPE D'AQUILA.
De nos tristes enfants voilà donc l'héritage!

PROCIDA.
Grand Dieu! si la fortune eût servi nos efforts,
L'équité renaissait pour consoler ces bords :
Les lois de nos aïeux, auprès du trône assises,
Resserraient du pouvoir les bornes indécises.
Don Pèdre commandait; par vos mains couronné,
Amis, c'est par vos mains qu'il aurait gouverné.
Vous marchiez après lui les premiers de l'empire.
Instruit du noble but où votre espoir aspire,
Je n'entreprendrai point de surprendre vos cœurs
A tous ces vains appâts des trésors, des faveurs,
Des hautes dignités dont sa prompte justice
Voulait récompenser un si rare service.
Ces honneurs séduisants ne vous ont point tentés;
Je le sais, j'en suis fier, mais vous les méritez.
Qu'au timon de l'état votre roi vous rappelle,
Borella, c'est un prix qu'il doit à votre zèle.
Oddo, vous pouviez seul, réparant nos revers,
Des flottes d'un brigand balayer nos deux mers.
O brave d'Aquila! pleurez sur votre gloire :
Vous choisissant pour guide aux champs de la victoire,
Don Pèdre aurait fixé le destin des combats,
Et le nom d'un tel chef eût créé des soldats.
Que le nouveau monarque élu par la Sicile
Aux talents, aux vertus ouvrait un champ fertile!
Quel destin pour vous tous, vous, son plus ferme appui,
De verser ses bienfaits ou de vaincre pour lui,
De partager ces soins de la grandeur suprême,
Qui font chérir un prince à des sujets qu'il aime,
D'entendre un peuple entier vous nommer ses sauveurs!
Voilà les titres vrais, les immortels honneurs;
C'est là l'ambition qui trouble une grande âme,
Celle que j'aime en vous, la seule qui m'enflamme!
Ah! s'il n'est point d'exploit plus beau pour notre orgueil
Que de ressusciter la patrie au cercueil,
Est-il un prix plus doux et plus digne d'envie
Que de la rendre heureuse après l'avoir servie?

PHILIPPE D'AQUILA.
Pourquoi nous déchirer de regrets superflus?

SALVIATI.
A quel parti fixer nos vœux irrésolus?

ODDO.
N'est-il donc plus d'espoir?

SALVIATI.
Resterons-nous esclaves?

LORÉDAN.
C'est trop d'incertitude; il faut mourir en braves!

PROCIDA.

Non pas mourir, mais vaincre, et venger à-la-fois
Votre Dieu, vos foyers, et le sang de nos rois.
De vos projets, dit-on, la trame est découverte :
On vous trompe, et vous seuls méditez votre perte.
Croyez-moi, vos tyrans, loin de vous redouter,
Semblent s'offrir aux coups que vous n'osez porter.
Un fort mieux défendu trompe votre espérance :
Accusez le hasard et non leur prévoyance.
Ce soin reste sans but, si tout est ignoré ;
Il est insuffisant, s'ils ont tout pénétré.   [sent !]
N'ont-ils que des soupçons ? gardez qu'ils s'éclaircis-
Le choix nous reste encor : mourons ou qu'ils péris-
L'absence de Fondi m'a troublé comme vous ; [sent !]
Quelle était notre erreur ? je le vois parmi nous.
Choisi pour présider aux plaisirs d'une fête,
Il dirigeait ces jeux dont la pompe s'apprête.
La mer nous interdit tous secours étrangers ;
L'audace vaut le nombre et croît par les dangers.
Le retour des proscrits couronnait l'entreprise :
Qui le décidait ? nous ; l'instant nous favorise.
Déjà, par la prière aux autels rappelé,
Le peuple dans le temple en foule est assemblé.
Offrons un sacrifice affreux, mais nécessaire ;
Apparaissons soudain au pied du sanctuaire ;
Courons le glaive nu, le bras ensanglanté,
En proférant ces mots : Vengeance et liberté !
Que cette multitude, au carnage animée,
Se lève devant nous et devienne une armée,
Soutenons la valeur de ces soldats nouveaux,
Par nos deux cents guerriers vieillis sous les drapeaux.
Pour arrêter mes pas, quelques faibles cohortes,
Du palais à la hâte ont occupé les portes ;
Prévenons leur défense, et, le fer à la main,
Dans leurs rangs dispersés ouvrons-nous un chemin...
Écoutez... l'airain sonne, il m'appelle, il vous crie
Que l'instant est venu de sauver la patrie.
Vous frémissez, amis, d'un généreux transport ;
Je le vois, ce signal est un arrêt de mort.
Venez, le cœur rempli d'une sainte assurance,
Reconquérir vos droits et votre indépendance ;
Venez, allons venger nos femmes et nos sœurs ;
Que Palerme se plonge au sang des oppresseurs.
Frappons, et de leur tête arrachons la couronne.
A ces profanateurs, que Dieu nous abandonne,
Rendons guerre pour guerre et fureur pour fureur ;
Dieu les terrassera d'une invincible horreur...
Il promet à vos mains la victoire et l'empire...
Venez, marchons, c'est lui, c'est Dieu qui nous inspire !

SALVIATI.

Que Montfort sous nos coups succombe le premier !

LORÉDAN.

Montfort !

PROCIDA.

Ne tardons pas...

LORÉDAN.

Tous contre un seul guerrier
Plongé dans le sommeil... mais un bras doit suffire.

PROCIDA.

Eh ! qui le frappera ?

LORÉDAN.

Moi !

SALVIATI.

Vous ! qu'osez-vous dire ?

PROCIDA.

Va, redeviens mon fils : marchons !

SCÈNE V.

LORÉDAN.

Je l'ai juré,
Il mourra. Voilà donc l'instant si désiré
D'éteindre dans son sang la soif qui me dévore !
Oui, je le punirai, ce rival que j'abhorre.
Mais, loin de me flétrir par un assassinat,
Je lui dirai : Montfort, je t'appelle au combat.
Il vient... il va périr... Que vois-je ? il est sans armes !

SCÈNE VI.

LORÉDAN, MONTFORT.

MONTFORT.

Lorédan, mon ami, pourquoi ces cris d'alarmes ?
Quel tumulte a chassé le sommeil de mes yeux ?
J'appelle en vain Gaston... Quelques séditieux
Peut-être à les punir ont forcé son courage.

LORÉDAN.

Que viens-tu faire ici ?

MONTFORT.

Quel étonnant langage !
Tu trembles, tu pâlis.

LORÉDAN.

Cherches-tu le trépas ?

MONTFORT.

Que me dis-tu ?

LORÉDAN.

Va-t'en, et ne m'approche pas.

MONTFORT.

Moi, te fuir !

LORÉDAN.

Il le faut... fuis... mon devoir m'ordonne...

MONTFORT.

Eh bien ?

LORÉDAN.

De t'immoler.

MONTFORT.

Frappe donc !

LORÉDAN.

Je frissonne...
Je croyais te haïr... Ciel ! où porter tes pas ?
Le peuple mutiné massacre tes soldats.

MONTFORT.

Il frémira de crainte à ma seule présence.

LORÉDAN.

Téméraire, où vas-tu ? désarmé, sans défense,
Arrête... Avec ce fer tu m'as fait chevalier,
Tiens, prends, prends... défends-toi ; meurs du moins

MONTFORT.   [en guerrier.
Ce fer va châtier leur insolente audace.

LORÉDAN, *l'arrêtant au fond du théâtre.*
Pour la dernière fois, que ton ami t'embrasse !
MONTFORT, *se jetant dans ses bras.*
Lorédan !

LORÉDAN.
C'en est fait !... Nous sommes ennemis :
Va mourir pour ton maitre, et moi, pour mon pays !
(Il sort d'un côté, et Montfort de l'autre.)

ACTE CINQUIÈME.

SCÈNE I.
(Nuit.)
AMÉLIE, *seule.*

Où s'égarent mes pas? quelle horreur m'environne !
Seule, en ces murs déserts, Elfride m'abandonne.
Je ne vois point Montfort ; errante dans la nuit,
Je ne saurais bannir la terreur qui me suit...
Entouré d'ennemis... ô mortelles alarmes !
Il s'élance à travers le tumulte et les armes.
Dans les sacrés parvis j'entends frémir l'airain.
Non, ta voix, Lorédan, n'éclatait pas en vain !
Quels sinistres adieux ! tes accents prophétiques
Retentissent encor sous ces tristes portiques. [cris?
Mon heure approche... où suis-je? et d'où partent ces
Ces murs vont-ils sur moi renverser leurs débris ?
Fuyons, la terre tremble, et la foudre étincelle :
Montfort, pour nous juger, notre Dieu nous appelle.
Grace, arbitre divin... Chère Elfride, est-ce toi ?
Viens, parle, au nom du ciel dissipe mon effroi !

SCÈNE II.
AMÉLIE, ELFRIDE.

ELFRIDE.
O spectacle effroyable ! ô funeste délire !

AMÉLIE.
Montfort est-il sauvé ?

ELFRIDE.
J'ignore s'il respire.
Du lieu saint, à pas lents, je montais les degrés,
Encor jonchés de fleurs et de rameaux sacrés.
Le peuple, prosterné sous ces voûtes antiques,
Avait du roi prophète entonné les cantiques.
D'un formidable bruit le temple est ébranlé.
Tout-à-coup, sur l'airain ses portes ont roulé.
Il s'ouvre ; des vieillards, des femmes éperdues,
Des prêtres, des soldats, assiégeant les issues,
Poursuivis, menaçants, l'un par l'autre heurtés,
S'élancent loin du seuil, à flots précipités.
Ces mots : Guerre aux tyrans ! volent de bouche en bou-
Le prêtre les répète avec un œil farouche ;   [che;
L'enfant même y répond. Je veux fuir, et soudain
Ce torrent qui grossit me ferme le chemin.
Nos vainqueurs, qu'un amour profane et téméraire
Rassemblait pour leur perte au pied du sanctuaire,
Calmes, quoique surpris, entendent sans terreur
Les cris tumultueux d'une foule en fureur.
Le fer brille, le nombre accablait leur courage...
Un chevalier s'élance, il se fraie un passage ;
Il marche, il court ; tout cède à l'effort de son bras,
Et les rangs dispersés s'ouvrent devant ses pas.
Il affrontait leurs coups, sans casque, sans armure...
C'est Montfort ! à ce cri succède un long murmure.
« Oui, traîtres, ce nom seul est un arrêt pour vous !
« Fuyez, » dit-il ; superbe et pâle de courroux,
Il balance dans l'air sa redoutable épée,
Fumante encor du sang dont il l'avait trempée.
Il frappe... un envoyé de la Divinité
Eût semblé moins terrible au peuple épouvanté.
Mais Procida parait, et la foule interdite
Se rassure à sa voix, roule et se précipite ;
Elle entoure Montfort ; par son père entraîné,
Lorédan la suivait, muet et consterné.
J'ai vu les citoyens, troublés par la furie,
Se déchirer l'un l'autre au nom de la patrie ;
Sur les débris épars, le prêtre chancelant,
Une croix à la main, maudire en immolant.
Du vainqueur, du vaincu, les clameurs se confondent.
Des tombeaux souterrains les échos leur répondent.
Le destin du combat flottait encor douteux :
La nuit répand sur nous ses voiles ténébreux.
Parmi les assassins je m'égare ; incertaine,
Je cherche le palais, je marche, je me traîne.
Que de morts, de mourants ! Faut-il qu'un jour nouveau
Éclaire de ses feux cet horrible tableau !
Puisse le soleil fuir, et cette nuit sanglante
Cacher au monde entier les forfaits qu'elle enfante !

AMÉLIE.
Inexorable Dieu, tu n'as point pardonné.
C'en est fait ! devant toi Montfort est condamné.
Courons...

SCÈNE III.
AMÉLIE, LORÉDAN, ELFRIDE.

LORÉDAN.
Peuple inhumain, achève ton ouvrage ;
Poursuis, je t'abandonne à ton aveugle rage.

AMÉLIE.
C'est Lorédan !

LORÉDAN.
O nuit ! dans ta profonde horreur
Ne vois-je pas errer leurs ombres en fureur?
Français, ce cœur brisé vous plaint et vous admire ;
Ne me poursuivez plus... Le remords me déchire...
Ah ! les infortunés ! ils mouraient en héros.

ELFRIDE.
Osez l'interroger.

LES VÊPRES SICILIENNES.

LORÉDAN.
Rendez-moi le repos,
Mânes de mes aïeux! je ne suis plus parjure.
AMÉLIE.
Viens, approchons.
LORÉDAN.
J'entends une voix qui murmure.
Peut-être un meurtrier parmi vous s'est glissé.
Oui, moi!
AMÉLIE.
Ciel!
LORÉDAN.
Et vos bras ne m'ont pas repoussé!
AMÉLIE.
Je veux savoir mon sort et frémis de l'apprendre.
LORÉDAN.
Seul dans l'obscurité pouvait-il se défendre?
Sans doute à d'autres coups il n'eût point échappé.
Il immolait mon père; eh bien! je l'ai frappé,
Je le devais.
AMÉLIE.
Seigneur...
LORÉDAN.
Est-ce vous, Amélie?
AMÉLIE.
D'où vient le trouble affreux dont votre ame est remplie?...
Et quel est ce guerrier qui se traîne à pas lents?
Il est blessé, vers nous il tend ses bras sanglants.
Ah! c'est lui, c'est Montfort.
LORÉDAN.
La frayeur vous égare.
Non, ne le croyez pas... Apprenez... Un barbare...
Que vois-je? ombre terrible; ah! parle, que veux-tu?

SCÈNE IV.
AMÉLIE, LORÉDAN, MONTFORT, ELFRIDE.

MONTFORT.
Aux portes du palais, dans la foule abattu,
De la lumière enfin j'ai recouvré l'usage.
Ils avaient disparu, fatigués de carnage.
LORÉDAN.
Ah! c'est lui!
MONTFORT.
Par degrés j'ai rappelé mes sens;
L'amour a soutenu mes efforts languissants;
En m'approchant de vous, hélas! j'ai cru renaître.
AMÉLIE.
Nos soins et nos secours vous sauveront peut-être.
LORÉDAN.
O terre! engloutis-moi!
MONTFORT, à Amélie.
Vous, mon guide! ô destin!
Tu m'avais épargné, Lorédan, mais en vain.
Je poursuivais le chef de ce peuple rebelle;
Je suis tombé, percé d'une atteinte mortelle:
Du meurtrier la nuit m'a dérobé les traits.
LORÉDAN.
Va, tu seras vengé.

MONTFORT.
Quoi! tu le connaîtrais?
AMÉLIE.
Vous!...
LORÉDAN.
Tu vas me maudire, et déjà je m'abhorre;
Je suis bien criminel... plus misérable encore.
Mon père allait périr; troublé, désespéré,
J'ai couru le défendre, et mon bras égaré...
Pardonne-moi, Montfort, ô mon compagnon d'armes!
Par ces mains que je baise en les baignant de larmes,
Au nom de cet amour si fatal à tous deux,
Par cet objet sacré qui partage tes feux;
J'affermirai ton bras que la force abandonne;
Frappe, voilà mon sein, venge-toi, mais pardonne!
MONTFORT.
Je fus le seul coupable, et je devais mourir;
Trop d'orgueil m'aveuglait. C'est peu de conquérir,
Vous ne régnez qu'un jour, tout vainqueur que vous [êtes,
Si l'amour des vaincus n'assure vos conquêtes.
Approche... viens... je touche à mes derniers moments.
Viens, reçois mes adieux et mes embrassements.
LORÉDAN.
Mon ami!
AMÉLIE.
Cher Montfort.
MONTFORT.
O ma patrie! ô France!
Fais que ces étrangers admirent ta vengeance!
Ne les imite pas; il est plus glorieux
De tomber comme nous que de vaincre comme eux.
(Il meurt.)

SCÈNE V.
LES PRÉCÉDENTS, PROCIDA, l'épée à la main, CONJURÉS, portant des flambeaux.

PROCIDA, au fond du théâtre.
Nos tyrans ne sont plus, et la Sicile est libre.
Que Charle en frémissant l'apprenne au bord du Tibre.
Palerme pour ses droits jure de tout braver;
Qui les a reconquis saura les conserver.
Quel spectacle! Montfort, que Lorédan embrasse!
A ses pieds prosterné, tu lui demandais grace!
Quand ton pays respire après tant de malheurs,
Une indigne pitié peut t'arracher des pleurs!
De Montfort à jamais périsse la mémoire!
Il succomba sous toi, respecte ta victoire.
LORÉDAN.
Arrêtez, ma victoire est un assassinat;
Je vois avec horreur vos maximes d'état.
Croyez-vous m'abuser? Couverts de noms sublimes,
Ces crimes consacrés en sont-ils moins des crimes?
Mon pays, dites-vous, me défend de pleurer;
Eh! m'a-t-il défendu de me déshonorer?
A ma rage insensée, à vous, à la patrie,
J'immolai les objets de mon idolâtrie!
Amant, ami cruel, honteux de mes fureurs,
J'arrive par l'opprobre au comble des douleurs.
Vous m'avez entraîné dans ce complot funeste;

ACTE V, SCÈNE V.

J'ai tout perdu par vous, le remords seul me reste.
Farouche liberté, que me demandes-tu ?
Laisse-moi mes remords ou rends-moi la vertu.
Ton premier pas est fait, règne sur ce rivage.
Puisse mon père un jour, couronnant son ouvrage,
Laisser un grand exemple aux siècles à venir !
(Il se frappe.)
Tu m'absous de mon crime... et je dois m'en punir.
PROCIDA.
Quel transport ! Qu'as-tu fait ?
LORÉDAN.
Montfort, je vais te suivre.
D'un reproche importun mon trépas vous délivre ;
Vivez... soyez heureux... Que ce digne guerrier
Repose dans la tombe avec son meurtrier.
(A la princesse.)
Des larmes que sur lui vos yeux doivent répandre,
Quelques unes du moins arroseront... ma cendre...
Ah ! je vous aime encor... J'expire.
PROCIDA.
O mon pays !
Je t'ai rendu l'honneur, mais j'ai perdu mon fils ;
Pardonne-moi ces pleurs qu'à peine je dévore.
(Il garde un moment le silence, puis se tournant vers les conjurés.)
Soyez prêts à combattre au retour de l'aurore.

FIN DES VÊPRES SICILIENNES.

NOTE.

Parmi beaucoup de critiques judicieuses qu'on a faites de cette tragédie, on m'a reproché de n'avoir point donné au caractère d'Amélie tout le développement dont il est susceptible. J'avais tenté de le faire dans plusieurs scènes qui, au milieu des grands intérêts d'une conspiration, m'ont paru nuire à l'effet général de l'ouvrage. Il faudrait, je crois, une tragédie tout entière pour peindre les combats d'une passion criminelle dans l'âme d'une dévote espagnole ou sicilienne. Cependant, par respect pour une critique à laquelle je ne pourrais me soumettre sans entraver la marche de l'action, j'imprime ici une des scènes que j'ai retranchées; elle donnera une idée de la manière dont j'avais conçu le rôle d'Amélie. Cette scène terminait le premier acte après la sortie de Lorédan.

AMÉLIE, ELFRIDE.

ELFRIDE.
Il s'éloigne, madame; à regret il vous quitte:
Pourquoi l'abandonner au doute qui l'agite?
Sans pitié pour des maux que vous pourriez finir,
Trouvez-vous quelque joie à l'entretenir?
Que vous le condamnez à de mortelles peines!

AMÉLIE.
Elfride, tout mon sang s'est glacé dans mes veines.
Montfort est son rival!... O redoutable aveu!
Quel fatal ascendant m'a conduite en ce lieu?...
Voulait-il m'éprouver... Peut-être il m'a trompée...
De surprise et d'effroi je suis encor frappée.

ELFRIDE.
Quel penser peut nourrir l'horreur où je vous vois?

AMÉLIE.
Oui, j'en crois ses regards et le son de sa voix,
Et ses traits enflammés d'un courroux si farouche;
Oui, c'est la vérité qui sortait de sa bouche.
Il veut me soupçonner; dans mes yeux, dans mes pleurs,
Il cherche un aliment à ses sombres fureurs.
Que me reproche-t-il? Quel discours ou quel signe
Trahit ce changement dont sa fierté s'indigne?

ELFRIDE.
Pardonnez des transports qu'il n'a pas su dompter;
Madame, un tel soupçon doit peu vous irriter...

AMÉLIE.
Le nom de son rival, a-t-il dit, m'a troublée.
C'est son reproche affreux qui m'a seul accablée.
D'une rougeur soudaine, à ce dernier affront,
Le courroux et la honte ont coloré mon front.
Ses regards prévenus pouvaient-ils s'y méprendre?
Où s'égare Montfort, et qu'ose-t-il prétendre?
Comment s'est-il promis le plus faible retour?
Moi, céder aux conseils d'un criminel amour...
O Dieu, dont la justice éprouve mon courage,
Vous m'aviez réservée à ce comble d'outrage!
Moi, chérir de nos maux l'instrument ou l'auteur,
Le plus ferme soutien de mon persécuteur,
Votre ennemi, grand Dieu! celui dont les exemples
Instruisent nos vainqueurs à profaner vos temples,
Je crois entendre encor vos prêtres révérés,
Contre eux par la fureur saintement inspirés,
Dans le secret, parmi quelques témoins fidèles,
D'anathèmes vengeurs charger leurs fronts rebelles.

Elfride, verrons-nous la colère des cieux
Descendre et consumer un jeune audacieux?...
Malgré moi je frémis du coup qui le menace.

ELFRIDE.
Eh quoi! devant vos yeux nos tyrans trouvent grâce!
Et déjà pour Montfort votre cœur désarmé...

AMÉLIE.
Peut-être au repentir le sien n'est pas fermé...
Crois-tu que du remords la voix pure et sacrée
Ne puisse ramener sa jeunesse égarée?
Jusqu'aux murs de Sion par sa valeur fameux,
Esclave de l'honneur, sensible et généreux,
Que de nobles vertus il reçut en partage!
L'ardente ambition seule en corrompt l'usage.
Ah! de ces dons heureux les mains qui l'ont orné,
A des tourments sans fin ne l'ont pas condamné!
Non, je ne le puis croire, et ma raison tremblante
Devant ce châtiment recule d'épouvante.

ELFRIDE.
Tournez votre pitié sur un plus digne objet:
Madame, loin de vous, attendant son arrêt,
Dans vos mains Lorédan remet sa destinée.

AMÉLIE.
O souvenir cruel! ô funeste journée!

ELFRIDE.
Votre choix plus long-temps ne se peut différer...
Vous ne m'écoutez pas, je vous vois soupirer...

AMÉLIE.
Pour moi de cet hymen la chaîne est accablante!

ELFRIDE. [inente...
Qu'entends-je? ma surprise à chaque instant s'aug-

AMÉLIE.
Éprise pour mon Dieu d'une sainte ferveur,
Cet amour me suffit, et remplit tout mon cœur.
A cet époux divin si je ne suis unie,
Du repos loin de moi l'espérance est bannie.
Dans les austérités d'un asile pieux,
Morte à de faux plaisirs, cachée à tous les yeux,
Que ne puis-je, le front courbé dans la poussière,
Finir mes tristes jours consumés en prière!
Malheureuse! ah! rétous d'inutiles souhaits!
Eh! que veux-tu porter dans ce séjour de paix?
Les tumultes d'une âme au régret encor livrée,
Tes regrets, tes remords, ta blessure profonde?
Espères-tu, livrée aux orages des sens,
Offrir un encens pur et des vœux innocents?

O ciel ! défendez-moi de ma propre faiblesse !
Lorédan aux autels a reçu ma promesse ;
Que la vertu m'élève à ce pénible effort,
De remplir mes serments, de détromper Montfort.
Montfort... A ce seul nom la force m'abandonne...
D'une invincible horreur je sens que je frissonne.

ELFRIDE.

Hélas ! sur votre esprit, long-temps irrésolu,
Madame, reprenez un empire absolu.
De Montfort détrompé craignez moins la vengeance,
Et d'un bonheur prochain embrassez l'espérance.

AMÉLIE.

Le bonheur ! pour jamais je l'ai vu s'éloigner ;
Mais, quel que soit mon sort, je m'y dois résigner.
Par-tout du doigt de Dieu reconnaissant l'empreinte,
Je courbe mon orgueil sous sa majesté sainte.
Viens au temple, suis-moi ; de ce muet témoin
Implorons des secours dont mon âme a besoin :
Sans lui notre vertu s'affaiblit et chancelle.
Viens demander ensemble, à sa main paternelle,
De conduire mes pas et de les protéger
Dans le sentier fatal où je vais m'engager.

PARIS. — IMPRIMERIE NORMALE DE JULES DIDOT L'AINÉ,
n° 4, boulevart d'Enfer.

www.ingramcontent.com/pod-product-compliance
Lightning Source LLC
Chambersburg PA
CBHW070543050426
42451CB00013B/3151